景德镇国家陶瓷文化传承与创新研究丛书

● 邱婷 著

2020年度江西省高校人文社会科学研究项目"景德镇国家陶瓷文化传承创新试验区建设的金融支持研究——基于协同发展视角（JJ20127）"的研究成果

陶瓷产业高质量发展的金融支持研究
——以景德镇陶瓷产业为例

华中科技大学出版社
http://press.hust.edu.cn
中国·武汉

内容提要

高质量发展是党的十九大首次提出的新表述,表明中国经济由高速增长阶段转向高质量发展阶段。党的二十大报告强调,高质量发展是全面建设社会主义现代化国家的首要任务,必须完整、准确、全面贯彻新发展理念,坚持社会主义市场经济改革方向,坚持高水平对外开放,加快构建以国内大循环为主体、国内国际双循环相互促进的新发展格局。对产业高质量发展进行理论研究与实践探索,加快推进产业高质量发展,意义重大。基于此,本书从金融支持的维度,对金融支持产业高质量发展进行研究,以产业高质量发展系统,金融系统与产业高质量发展的关系,金融支持产业高质量发展机理、效率及评价等为核心内容,构建全书的框架体系。此外,以陶瓷产业为例,立足陶瓷产业发展现状,对陶瓷产业高质量发展的金融支持效率进行评价,结合国内外金融助力陶瓷产业发展的实践经验,探索金融支持陶瓷产业高质量发展的路径并提出政策建议。本书观点鲜明、说理清晰,注重理论联系实际,既有理论研究,又有案例分析,较有新意。

图书在版编目(CIP)数据

陶瓷产业高质量发展的金融支持研究:以景德镇陶瓷产业为例/邱婷著. —武汉:华中科技大学出版社,2022.12

(景德镇国家陶瓷文化传承与创新研究丛书)

ISBN 978-7-5680-8971-5

Ⅰ.①陶… Ⅱ.①邱… Ⅲ.①陶瓷工业-产业发展-金融支持-研究-景德镇 Ⅳ.①F426.71

中国版本图书馆 CIP 数据核字(2022)第 238083 号

| 陶瓷产业高质量发展的金融支持研究——以景德镇陶瓷产业为例 | 邱婷 著 |

Taoci Chanye Gaozhiliang Fazhan de Jinrong Zhichi Yanjiu
——yi Jingdezhen Taoci Chanye wei Li

策划编辑:汪 杭
责任编辑:聂筱琴 汪 杭
封面设计:廖亚萍
责任校对:谢 源
责任监印:周治超

出版发行:华中科技大学出版社(中国·武汉)　电话:(027)81321913
　　　　　武汉市东湖新技术开发区华工科技园　邮编:430223
录　　排:华中科技大学惠友文印中心
印　　刷:武汉市洪林印务有限公司
开　　本:710mm×1000mm　1/16
印　　张:11.5
字　　数:225千字
版　　次:2022年12月第1版第1次印刷
定　　价:69.80元

本书若有印装质量问题,请向出版社营销中心调换
全国免费服务热线:400-6679-118　竭诚为您服务
版权所有　侵权必究

前言 FOREWORD

习近平总书记在党的十九大报告中对中国经济做出重大战略判断,指出我国社会主要矛盾已由人民日益增长的物质文化需要同落后的社会生产之间的矛盾,转化为人民日益增长的美好生活需要和不平衡不充分的发展之间的矛盾。由此,"我国经济已由高速增长阶段转向高质量发展阶段"。党的十九届五中全会立足新时代的新发展阶段,把"推动高质量发展"作为"十四五"时期经济社会发展的主题,以行稳致远的决心和定力,开启全面建设社会主义现代化国家新征程。

产业高质量发展是实现经济高质量发展的重要内容。产业高质量发展是个系统且长期的工程。要推进产业高质量发展,必须在把握其内涵要义的基础上,充分正视产业高质量发展的本质和关键问题,并深入探寻影响产业高质量发展的深层动因,积极创新发展思维。产业高质量发展势必需要金融助力。从近年中国发展实践情况可以看出,中国致力于以新发展理念引领金融支持实体经济实现高质量发展,取得了显著成绩,助力了市场主体高质量发展迈上新台阶。因此,对金融支持产业高质量发展进行理论研究和实践探索具有重要意义。

本书首先对金融支持产业高质量发展进行理论分析;其次,立足陶瓷产业发展现状,对陶瓷产业高质量发展的金融支持效率进行评价;最后,结合国内外金融支持文化产业发展的实践经验,探索金融支持陶瓷产业高质量发展的路径,进而提出政策建议。

本书主要由十章组成。第一章主要介绍陶瓷产业的定义与分类,概述陶瓷产业的发展历程,探讨其发展的制约因素;第二章从发展的内涵、特征、基本要求和基本路径等方面对产业高质量发展进行理论研究;第三章从系统视角对产业高质量发展系统进行解构,并分析产业高质量发展系统的演进机制和保障机制;第四章探讨金融支持陶瓷产业高质量发展的理论基础;第五章基于系统结构分析金融支持陶瓷产业高质量发展的机理;第六章对金融支持陶瓷产业高质量发展的现状进行分析,并评价金融支持对陶瓷企业融资效率的影响;第七章总结国内外金融支持文化产业发展的实践经验,探索金融支持陶瓷产业高质量发展的路径;第八章以江西景德镇为例,探索景德镇陶瓷产业高质量发展的路径;第九章对金融支持江西景德镇陶瓷产业高质量发展的现状进行分析,评价金融支持江西景德镇陶瓷产业高质量发展的有效性,并明确其面临的主要问题;第十章分别从宏观、中观和微观层面提出金融支持江西景德镇陶瓷产业高质量发展的政策建议。

硕士研究生徐阳、柳金锐、蒋倩、潘慧敏、韩井磊、全小涵、李保林和刘群为本书做了大量的资料整理和文献研究工作。笔者在撰写时还得到了各界人士的支持与帮助,也参考借鉴了国内外一些学者的成果,在此对他们表示感谢,引用部分未能一一注明的,敬请谅解。

邱　婷

2022 年 11 月

目录 CONTENTS

第一章　陶瓷产业概述　1
　　第一节　陶瓷产业的内涵　1
　　第二节　发展陶瓷产业的意义　3
　　第三节　陶瓷产业的发展历程　7
　　第四节　陶瓷产业的发展现状　9
　　第五节　陶瓷产业发展的制约因素　20

第二章　产业高质量发展的理论研究　24
　　第一节　产业高质量发展的内涵　24
　　第二节　产业高质量发展的特征　26
　　第三节　产业高质量发展的基本要求　29
　　第四节　产业高质量发展的基本路径　30
　　第五节　实现产业高质量发展的政策导向　32

第三章　产业高质量发展的系统分析　38
　　第一节　产业发展的系统环境　38
　　第二节　产业高质量发展的系统目标　40
　　第三节　产业高质量发展的系统结构　41
　　第四节　产业高质量发展系统的演进机制　44
　　第五节　产业高质量发展系统的保障机制　46

第四章　金融支持陶瓷产业高质量发展的理论基础　50
　　第一节　产业和金融理论基础　50

第二节 产业发展与金融支持 55
第三节 金融支持陶瓷产业高质量发展的理论分析 62

第五章 金融支持陶瓷产业高质量发展的机理分析 69
第一节 金融支持陶瓷产业高质量发展的主体与动机 69
第二节 金融发展对陶瓷产业发展的影响 73
第三节 金融发展与陶瓷产业发展的关联机理 76

第六章 金融支持陶瓷产业高质量发展的现状及效率评价 84
第一节 金融支持陶瓷产业高质量发展的现状 84
第二节 金融支持陶瓷产业高质量发展的问题 92
第三节 金融支持陶瓷产业高质量发展的效率评价 98

第七章 金融支持陶瓷产业高质量发展的国内外实践经验借鉴 110
第一节 美国金融支持文化产业发展的实践经验 110
第二节 日本金融支持文化产业发展的实践经验 113
第三节 中国金融支持陶瓷产业发展的实践经验 116
第四节 启示 124

第八章 江西景德镇陶瓷产业高质量发展的路径探索 126
第一节 江西景德镇陶瓷产业发展现状 126
第二节 促进陶瓷产业高质量发展的保障体系 133
第三节 陶瓷产业高质量发展水平的评价 136
第四节 产业高质量发展评价指标赋权模型 139

第九章 金融支持江西景德镇陶瓷产业高质量发展的现状 146
第一节 金融支持江西景德镇陶瓷产业高质量发展的现状 146
第二节 金融支持江西景德镇陶瓷产业高质量发展的有效性评价 152
第三节 金融支持江西景德镇陶瓷产业高质量发展面临的问题 160

第十章　金融支持江西景德镇陶瓷产业高质量发展的政策建议　162
　　第一节　宏观层面　162
　　第二节　中观层面　164
　　第三节　微观层面　165

参考文献　167

第一章　陶瓷产业概述

第一节　陶瓷产业的内涵

一、陶瓷的定义和分类

(一)陶瓷的定义

陶瓷,从传统意义上解释,就是将两种不同性质的黏土,即陶土和瓷土,添加各种天然矿物,经过配料、粉碎混炼、成型、干燥和煅烧等工艺流程制成的各种器物。陶瓷是陶器和瓷器的统称。

由于传统意义上陶瓷的原料主要是天然的硅酸盐矿物,原料的构成与玻璃、搪瓷、耐火材料相似,陶瓷应同属于硅酸盐类制品。然而现在,为提高陶瓷的强度、耐高温性能以及其他性能,人们不断改变配方,加入多种人工合成化合物,甚至不再使用天然原料,以增强其性能,所以这种方式生产出来的陶瓷产品也不属于硅酸盐类制品。现在为了满足一些行业对材料的特殊要求,用陶土、瓷土以外的原材料按照制陶的工艺和流程生产出的产品也被称为陶瓷,如广泛应用于航空航天、半导体、无线电等领域的陶瓷电阻、磁性瓷、金属陶瓷等。

因此,陶瓷的一般概念根据其特性可界定为一种由天然或人工合成原料组成的、经过成型和高温烧结制成的粉状化合物,是一种由无机化合物构成的多晶固体材料,可以被统称为"无机非金属固体材料"。不论是传统的硅酸盐陶瓷,还是现代的非硅酸盐陶瓷,均包含在内。

(二)陶瓷的分类

陶瓷的分类主要有两种方式:一是从原料成分和生产工艺的角度,二是从用途的角度。

1.陶瓷按原料成分和生产工艺分类

按照原料成分和生产工艺的不同进行分类,陶瓷可以分为陶器、瓷器和炻器。

(1)陶器。

根据精细程度,陶器可以分为粗陶和精陶。建筑施工中经常用到的砖、瓦和陶管等便是比较常见的粗陶;经过素烧和釉烧两道工艺烧制而成的釉面砖和彩陶,一般是精陶。

(2)瓷器。

瓷器根据原料成分和生产工艺的不同,可以分为粗瓷和细瓷两种。粗瓷用普通原料,经较低温度烧成,多制成坛坛罐罐、鱼缸、水壶等器物;细瓷用纯度较高的原料,经高温烧成,历史上的官窑制品,现在的各类中、高档餐具,艺术瓷均为细瓷。

(3)炻器。

炻器是介于陶器和瓷器之间的陶瓷,吸水率一般小于3‰,透光性较差,通常胎体较厚,不如瓷器洁白。炻器按致密程度可以分为粗炻器和细炻器。陶瓷马赛克、地砖、墙面砖属于粗炻器,日用器皿属于细炻器。

2.陶瓷按用途分类

按用途进行分类,陶瓷主要可以分为建筑陶瓷、卫生陶瓷、特种陶瓷、日用陶瓷、园艺陶瓷和陈设艺术陶瓷等。建筑陶瓷包含各类陶瓷砖、瓦、管及配件,主要用于建筑工程。卫生陶瓷包括各类陶瓷洗面器、浴盆、水箱等,主要用于清洁盥洗。特种陶瓷包含陶瓷电阻、陶瓷超导体、陶瓷轴承、陶瓷发动机部件、陶瓷绝缘体等,主要用于各种特定用途。日用陶瓷包括由各种陶瓷制成的餐具、茶具、咖啡具、酒具等,是指用于满足人们日常生活需求的各类陶瓷制品。园艺陶瓷是指用于公园、庭院和绿地规划布置的陶瓷制品,具有实用和陈设的价值,包括陶台、陶凳、花盆、大型花瓶等。陈设艺术陶瓷是指专供陈列观赏的陶瓷艺术制品,包括瓶、尊、屏、瓷板画和雕塑制品等。

二、陶瓷产业的定义与分类

陶瓷产业的定义可以分为狭义的和广义的。一般来说,狭义的陶瓷产业是指所有从事陶瓷制品生产和制造的企业的集合;广义的陶瓷产业是指所有从事陶瓷制品生产和制造的企业与陶瓷产业链上各个环节延伸出的相关配套企业的集合。

我国是陶瓷古国,陶瓷在我国已有几千年的历史。陶瓷既是人们生活中常用的物品和工具,又能体现出我国的传统文化。陶瓷产业是新材料产业的代表。建筑陶瓷产业、卫生陶瓷产业、日用陶瓷产业和工艺美术陶瓷产业是传统意义上的陶瓷产业,这些产业由于发展的时间比较长,所以产业规模大、产品的种类多,各种技术虽然比较成熟但是技术含量不高,能源和资源的利用效率较低,而且随着产品同质化严重,市场竞争加剧,行业普遍利润不高。

现代陶瓷产业是指:一是在传统陶瓷产业的基础上运用先进技术制造陶瓷的产业,提高陶瓷的性能从而使其获得新的功能和用途;二是高技术陶瓷产业,主要制造结构陶瓷(工程陶瓷)和功能陶瓷(电子陶瓷),制造范围也可拓展为陶瓷粉体、陶瓷纤维、陶瓷薄膜、陶瓷基复合材料等;三是与陶瓷产业相关的原料产业、装备产业、创意产业、服务产业等。传统陶瓷是以陶土和瓷土为原料,经过配料、粉碎混炼、成型、干燥、煅烧等工艺流程制成的。现代陶瓷产业制造范围可拓展至玻璃、水泥、搪瓷、耐火材料等。相较于传统陶瓷,高技术陶瓷在材料的制备工艺、品种要求、应用领域等方面都有极大改善,成为陶瓷产业新的增长点。工程陶瓷侧重于体现陶瓷的高硬度、高熔点、耐磨损、耐腐蚀性能;电子陶瓷侧重于体现陶瓷的光、声、电、热、磁等物理特性。高技术陶瓷产业最近几年发展较为迅速,在航空航天、通信技术、电子工业、汽车工业、交通运输、国防等领域有着广泛的应用。

国家标准《国民经济行业分类》(GB/T 4754—2011)将非金属矿物制品业(30)中的陶瓷制品制造(307)细分为七个部分,分别是:建筑陶瓷制品制造(3071)、卫生陶瓷制品制造(3072)、特种陶瓷制品制造(3073)、日用陶瓷制品制造(3074)、陈设艺术陶瓷制品制造(3075)、园艺陶瓷制品制造(3076)以及其他陶瓷制品制造(3079)。

第二节 发展陶瓷产业的意义

我国陶瓷制造历史悠久,具有一定规模。同时,陶瓷产业承载着我国优秀的传统文化。随着经济社会的进步和对外贸易的发展,发展陶瓷产业既有利于优化我国的经济结构、促进社会就业,也有利于促进文化的传承与创新,以及国际贸易发展。

一、优化经济结构

改革开放以来,经济全球化深入推进,我国市场日益开放、经济飞速发展、各行各业蓬勃发展。我国陶瓷产业借助经济的腾飞,在近些年也得到了快速的发展。在此期间江西景德镇,广东佛山、潮州,河北邯郸、唐山,山东淄博,湖南醴陵,江苏宜兴,福建德化,四川夹江,辽宁法库等地的陶瓷产业迅速发展,陶瓷产业成为当地的支柱产业,这些地区也被称为"产瓷区"。我国总体经济快速发展的几十年间,这些地区的经济也获得了较大的增长,主要因为陶瓷产业的快速发展推动了当地经济的腾飞。对于产瓷区来说,陶瓷产业相当于这些地区经济的引擎,它不仅为当地贡献了大部分 GDP、税收来源和就业岗位,还带动了其他行业的发展,对当地的经济发展影响巨大。

首先,陶瓷产业发展能增加当地的陶瓷经济产值,带动地方 GDP 增长。陶瓷产业发展会给当地带来一条围绕陶瓷制造、生产以及销售的产业链,陶瓷产业在这条产业链上处于主导地位,它的快速发展会带动产业链上其他产业的快速发展,产瓷区的经济也就得以快速增长。

其次,发展陶瓷产业可以优化当地的产业结构。一个地区的产业结构在不同的经济时空中会呈现出不同的发展状况,如果把当地有限的资源投入所有产业中,期望所有产业共同发展,会导致当地产业结构变得无序,而且使产业的发展无法持续下去。

最后,陶瓷产业发展也会带动当地产业结构发生转型。事物的性质由其主导部分决定,一个地区主导产业的性质决定了当地工业部门的结构以及产业结构的性质。如果当地主导产业的特性发生改变,当地产业结构的特性也会随之而变。比如,当陶瓷产业从劳动密集型转变为技术密集型时,当地的产业结构特性也会随之改变。

我国是世界陶瓷制造中心和陶瓷生产大国,近年来随着我国城镇化率的不断提高,建筑行业对陶瓷制品的需求越来越旺盛,在相关行业的带动下,我国陶瓷产量也逐年递增。广东陶瓷协会的相关统计数据显示,在 2020 年,我国陶瓷产量约为 75.8 亿平方米,截至 2021 年,我国陶瓷产量已增长到 110.27 亿平方米,年均复合增长率约为 4.1%[①]。排名靠前的福建、广东地区,陶瓷产量均占全国陶瓷总产量的 23%,是我国陶瓷生产大省。两省拥有比较完善的陶瓷产业链,形成的产业集群也比较成熟,而且存在较为先进的陶瓷专业市场,因此,也培养出一批在陶瓷行业内非常出名的企业。

目前,我国陶瓷产业园区为陶瓷行业的创新贡献了主要的力量,对陶瓷产业链的发展与完善也起到至关重要的作用。陶瓷产业园区可以运用集成协同模式解决行业技术的共性问题,以推动行业技术的进步。对于陶瓷行业传统产业链来说,其上游产业主要为高岭土、长石、石英、硅酸锆等原材料供应产业,以及液化石油气、天然气、电力等能源产业;中游产业以加工为主,包含粉体制备、成型、烧结等工序;下游产业主要是各经销商和用瓷单位,分为日用陶瓷产业、建筑陶瓷产业、电子陶瓷产业、工业陶瓷产业。如今陶瓷产业链不断延伸,催生了与陶瓷相关的认证、包装和物流、广告、策划、培训等行业。陶瓷产业与这些相关配套企业和

---

① 数据来源:广东陶瓷协会。

机构形成了专业化分工、产业化协作、集群化发展的经济结构。

随着产业结构的调整与产业的升级,陶瓷产业与当地环境和谐发展,推动了技术的创新、品牌战略的形成和陶瓷文化产业的进步。传统陶瓷产业的改造升级使陶瓷产业链由低端(加工、生产、制造)向高端(设计、研发、会展、营销、装备等)发展。陶瓷生产装备的研究,特别是数字化制造、先进窑炉和陶瓷机械等方面的技术开发,促进了科技进步和节能减排,孕育出都市型、创新型、知识型陶瓷产业。

二、促进社会就业

目前我国陶瓷产业生产线智能化程度较低,本质上仍属于劳动密集型产业,陶瓷产品各个生产环节需要大量人工的参与。因此,发展陶瓷产业既可以帮助当地缓解就业压力,陶瓷产业链的扩展也会形成更多配套行业,增加更多的就业岗位,更进一步缓解当地的就业压力。众多的陶瓷产业集群也培养了许多陶瓷产业相关人才,如陶瓷生产人员及研发、策划、销售、技术服务等方面的人才。

中国产瓷区主要集中在江西、广东、山东、河北、湖南、福建、浙江等省份,全国至少有20个省(自治区、直辖市)拥有成规模的产瓷区。截至2021年底,全国陶瓷生产企业超过1400家,生产线超过3600条,陶瓷制品产值有望达到11000亿元。数量众多的产瓷区与巨大的陶瓷产值创造了巨大的就业市场,提供了数量众多的就业岗位。

三、促进文化的传承与创新

在传统文化中,陶瓷文化有着举足轻重的地位。陶瓷是我国的一种文化物品,以其独特的艺术形式代表着我国的文化精神。陶瓷文化可以说是传统文化的一种物化形态,不同时期陶瓷的艺术形式也反映了当时的文化风格。不同年代各种各样的陶瓷器物,将中华民族的智慧和文化表现出来,并代代相传。陶瓷文化以独特的艺术表现形式记录了人类历史发展过程中的特殊信息。我国的陶瓷艺术创作一般反映了当时的社会生活和审美追求,能够融入中国的传统文化,激发出新的文化创意。当代艺术家在陶瓷装饰艺术中,结合中国传统绘画艺术,探索出新的艺术形式。

陶瓷文化中的陶瓷装饰艺术蕴含了传统文化中的人文精神。陶瓷装饰艺术在历代艺术家的创作中,展示出了每个时代独特的艺术文化,形成一种新的艺术类型。陶瓷艺术在创作过程中创造的技术,不仅蕴含了传统文化的精神,也推动了文化的发展。当代陶瓷艺术起源于传统文化,传统文化的发展也让陶瓷文化富有多样性。此外,生活环境和生活水平的不断变化也影响着人们的审美观,不同时期的审美观的发展让陶瓷艺术创作者们结合当时的流行文化,提取当时传统文化的特色元素,并将其融入创作。所以我国传统文化包含陶瓷文化,陶瓷文化也成为我国珍贵的精神财富。随着现代社会与经济的发展,我国陶瓷的品质以及艺术水平不断提高,陶瓷逐渐走出国门,陶瓷文化也随之流向世界,向世界人民展示出我国传统文化的魅力。为了进一步发展陶瓷文化和宣传中国传统文化,我国在世界各地创办了有关陶瓷艺术的专业院校,受到大量外国人的关注。

陶瓷文化创意产业推动陶瓷文化与科技的结合。随着陶瓷产业发展增速的放缓,一些学者提出应推动陶瓷文化创意产业的发展,借助科技的力量对陶瓷文化进行创新,增加陶瓷文化创意产业的附加值,从而形成并壮大陶瓷文化创意产业。陶瓷文化创意产业的出现,不仅推动了陶瓷产业的发展,也加速了科技与陶瓷文化的融合。当代飞速发展的科技赋予了陶瓷文化新的艺术形式,符合当代人的审美观,当代的陶瓷艺术创作者因而获得了源源不断的探索与创作陶瓷艺术的动力。文化与科技的融合是当今时代陶瓷文化新的发展方向,也为传统文化的发展注入了新鲜血液。

四、促进国际贸易发展

中国是世界上最早出口陶瓷的国家,也是目前世界陶瓷出口大国。2016年,欧盟45%的进口陶瓷和美国25%的进口陶瓷都来自中国。中国日用陶瓷产量占全球的70%,陈设艺术陶瓷产量占全球的65%,卫生陶瓷产量占全球的50%,建筑陶瓷产量占全球的64%。近年来中国陶瓷出口对出口创汇的贡献越来越大,在国内形成了陶瓷生产基地,陶瓷产业成为带动当地经济发展的支柱产业。

中国陶瓷产业凭借资源、劳动力以及产能上的巨大优势,在国际市场快速崛起,自2006年中国陶瓷出口额超过意大利以后,中国陶瓷出口额稳居世界第一,中国已经成为无可争议的陶瓷生产大国和贸易大国。纵观我国陶瓷产品从1992年至2021年近30年的出口情况,我们可以看到其出口总额从1992年的7.13亿美元开始逐步扩大,在2015年以260.29亿美元的出口总额创下历史之最,虽然2016年和2017年的出口总额有较大回落,但2018年的出口总额迅速回升,2019年至2020年保持在250亿美元以上。总体上,从1992年占据不到10%的国际市场份额发展到2015年占据46.16%的国际市场份额[①]。近年来我国不断深化改革、扩大开放,产业与市场积极融入全球经济。"一带一路"倡议的提出推动了我

---

① 数据来源:国家统计局。

国企业与国外企业的交流合作,陶瓷产品走向了更多的国家,进入当地市场。此外,国家对陶瓷产业的政策扶持也推动了陶瓷产品的出口。陶瓷产业在推动我国外贸的发展中,发挥着越来越大的作用。

第三节 陶瓷产业的发展历程

一、世界陶瓷产业发展概述

从时间来看,大约在人类旧石器时代晚期就已经出现了原始陶器,而真正意义上的瓷器最早出现在中国东汉时期。从空间来看,世界陶瓷产业的起源和发展主要分布在三大地区:亚洲、欧洲、美洲。亚洲地区的陶瓷产业以中国为发源地,随着时间的推移逐步扩散至越南、朝鲜、日本等国家。欧洲地区的陶瓷产业发展相对较晚,由外部传入,早期以仿制为主。而美洲地区的陶瓷产业相对独立,在哥伦布发现美洲大陆之前一直缓慢地发展着。

(一)亚洲陶瓷产业发展概述

自东汉时期发明瓷器以来,中国陶瓷生产逐渐遍及全国,很多著名的窑口也相继形成。至唐宋时期,中国的陶瓷技术进一步成熟,陶瓷产业蓬勃发展,唐三彩盛极一时。宋景德年间(1004—1007年),昌南镇更名为景德镇,当地生产的陶瓷制品走向世界,陶瓷产业得到迅猛发展,也逐步影响并带动了周边国家和地区陶瓷产业的发展。

陶器在世界多地均有生产,而瓷器是公认的中国发明。自8世纪开始,日本、越南、泰国等东亚、东南亚国家先后从我国学到了制瓷技术。东亚陶瓷产业逐渐形成了以中国为源头和核心、不断向周边扩散的趋势。到9世纪,中国向伊斯兰教主赠送了一批精细陶瓷,此后伊拉克等地区也开始了精细陶瓷的生产,并找回了失传已久的锡釉瓷生产工艺。到12世纪,波斯也开始生产陶瓷。及至明代,中国的宜兴紫砂等陶瓷制品已被日本和欧洲各国仿制。

(二)欧洲陶瓷产业发展概述

欧洲陶瓷产业比亚洲发展得晚,最早可以追溯到中东。阿拉伯人经马略卡岛将伊斯兰陶器传入意大利,开始生产出风格独特的锡釉花饰瓷,所以这类瓷器也被称为马约利卡,而后制瓷工艺传入法国。13世纪至14世纪,中国的瓷器传到欧洲,各国开始争相仿制。17世纪,荷兰的锡釉陶以仿制中国的青花和五彩而闻名天下。17世纪末、18世纪初,来自德国的科学家效仿中国瓷器,用长石粉作为溶剂烧制出硬质瓷,从此打开了批量生产瓷器的大门。

(三)美洲陶瓷产业发展概述

美洲地区也较早出现了陶器生产。公元前2000年以前,在美洲大陆安第斯山脉中部、玻利维亚和秘鲁等地就存在有着几何纹的陶器和模具成型的陶器。公元前6世纪,玛雅人烧制出彩色的陶器。而后直到美洲大陆被发现,欧洲的锡釉陶进入墨西哥,紧接着德国移民给美国带去了陶器制造技术。如今,美洲地区陶瓷产业的代表国家是巴西,它是世界第四大陶瓷生产国,有着较高的陶瓷生产水平。

二、我国陶瓷产业发展概述

我国素有"瓷器之国"的美誉。品种繁多、造型美观的瓷器,不仅是很好的日用品,也是独具风格的艺术品,深受世界人民的赞扬和喜爱。瓷器是我国的伟大发明之一,我国制作瓷器的历史可以追溯到3000多年以前的商代。

在公元前8000年左右的新石器时代,陶器在我国已经被普遍使用。当时陶器以红陶和砂红陶为主,发展到浙江余姚河姆渡文化遗址中的夹炭黑陶、山东龙山文化遗址中的白陶和薄胎陶,我国的陶器技艺已经达到非常高的水准。值得一提的是,薄胎陶器工艺中的陶轮驱动直到19世纪才被机械驱动所取代。到了商周时期,我国出现了陶器向瓷器的过渡。再到秦汉时期,秦始皇陵的兵马俑、汉代的仕女俑均反映了当时艺术加工已经达到较高的水平,建筑用陶瓷也渐渐出现。

东汉时期,浙江一带的窑口开始大量烧制青瓷,该瓷已经具有现代瓷器的所有特征,我们一般认为青瓷的出现是中国陶瓷史上的里程碑,它标志着中国的瓷器产业进入成熟时期。到了魏晋南北朝时期,瓷器有了进一步的发展,其风格实现了多样化,白瓷开始在北方出现,沿着"丝绸之路",陶瓷开始走向世界。

隋唐时期,陶瓷产业空前繁荣,浙江的越窑生产的青瓷与河北的邢窑生产的白瓷合称为"南青北白"。到了中、晚唐时期,长沙的铜官窑生产出彩绘瓷,巩义生产出三彩陶(即我们常说的"唐三彩"),大量彩瓷、青花器的涌现,"南青北白"局面被打破,名窑林立的局面开始形成。隋唐时期海洋贸易的发展,使得陶瓷出口贸易也越来越繁荣,陶瓷大量出口到西方。

宋代是陶瓷生产较为繁荣的时期,当时的五大名窑——官窑、哥窑、汝窑、定窑、钧窑遍布全国。众多窑场之间经过激烈竞争、淘汰、发展,逐渐形成了以一些名窑为中心的"窑系"。宋代六大窑系分别是：景德镇窑系、定窑系、钧窑系、耀州窑系、磁州窑系、龙泉窑系。宋景德年间(1004—1007年)，宋真宋赐年号于昌南镇，中国瓷器产业发展水平在当时达到世界的顶峰。

到了元、明、清三代，中国陶瓷产业工艺达到鼎盛水平，以景德镇陶瓷为代表，现代拍卖的元青花、鸡缸杯等天价陶瓷均产于景德镇，景德镇"瓷都"之名享誉世界。

清代晚期至中华人民共和国成立期间，由于战乱，我国的陶瓷产业的发展遭受重创。

中华人民共和国成立后，我国主要产瓷区在生产水平上有较大幅度的提升。1949—1952年，陶瓷总产量恢复到之前的水平，其中，石湾产瓷区、景德镇产瓷区恢复较快，醴陵、唐山、淄博、宜兴等产瓷区也得到有效的恢复。遗憾的是，正当全球陶瓷产业迅猛发展的时候，我国的陶瓷产业却错过了这个机遇。在这个时期，世界其他产瓷区的装备技术水平都逐步达到或者超越我国陶瓷产业发展水平，我国陶瓷产业制品的附加值渐渐跌落到较低的水平。

直到改革开放后，我国陶瓷产业的发展遇到了新的机遇，经过近40年的迅猛发展，我国陶瓷产业产值和陶瓷产品出口均回到世界第一的位置，但在生产高附加值的产品和技术创新方面，仍然是任重道远。

第四节　陶瓷产业的发展现状

一、世界陶瓷产业发展现状

自20世纪80年代生产精密陶瓷以来，陶瓷材料的机械性能显著提高，从马桶里的精密器件到航天器驾驶舱中的隔热板，陶瓷材料已经渗透世界的每一个角落。随着纳米技术的发展，陶瓷行业利用新技术生产的纳米陶瓷逐步应用于能源、医疗、IT等领域。纳米技术可以大大提高陶瓷材料的强度、韧性和超塑性，增加陶瓷材料的整体强度，使其具有防污、防潮、抗划伤、耐磨、防火、隔热等功能，扩大了陶瓷材料的应用范围。

（一）日本陶瓷产业走向精细化和高科技

据日本工业陶瓷会(名古屋)发布的数据，截至2022年，日本的陶瓷产业在日本所有传统产业中占比50%，陶瓷从业人员的占比相当高。总体而言，日本陶瓷行业未来的设计趋势仍然是注重精致实用。在每三年举行一次的日本美浓国际陶艺竞赛中,设计类的获奖者几乎都是日本人,而且水平相当高。由此可见,日本对陶瓷设计的参与度是非常深入的。

此外,日本还将工业精密陶瓷产业视为决定未来竞争力的高科技产业,不遗余力地投入大量资金,生产的先进陶瓷元件占据了国际市场的主要份额。20世纪90年代,日本首先提出了一种名为"梯度材料"的功能材料,为新型陶瓷材料的复合提供了另一种途径。在此基础上,通过孔径分布梯度化,可以制备出性能优异的陶瓷膜材料。高科技陶瓷材料的不断创新,使日本的化工、石化、食品工程、环境工程、电子工业等领域具有更广阔的发展前景。

(二)美国陶瓷多用于精密技术行业

早在2007年,据美国弗里多尼亚集团发布的《2007年美国先进陶瓷市场需求预测报告》分析,到2010年,美国陶瓷需求将以每年7%的速度增长,其中,电子陶瓷元器件仍是市场的主流。2010年至2015年,氧化铝、氧化钛、氧化锆、碳化硅、氮化硅等涂料及复合产品的生产将应用于电子设备、工业机械、化工、环境污染防治等领域。为了提高陶瓷后处理的效率,陶瓷产业将向节能、减少环境污染、提高效率的方向发展,也将出现微波烧结、连续烧结或快速烧结等新技术和相应的设备。

自2000年起,美国先进陶瓷协会与国家能源部制订了共同资助美国先进陶瓷发展计划,为期20年,主要用于先进陶瓷的基础研究、应用开发和产品使用,从而共同促进先进结构陶瓷材料的应用与发展。先进陶瓷将以其优越的耐高温性、可靠性等独特性能,成为经济适用材料的首选,广泛应用于工业制造、能源、航空航天、交通运输、军事和消费品制造等领域。例如,美国格鲁曼公司于2021年7月着手研究进口陶瓷材料和超音速飞机发动机喷嘴;美国杜邦公司研制出耐温1200 ℃—1300 ℃、使用寿命2000小时的陶瓷基复合材料发动机部件。

(三)欧洲陶瓷注重实用性和节能性

欧洲的陶瓷工业比较注重实用。同绘画、雕塑和建筑一样,陶瓷产品注重雕刻和装饰效果。特别是在工业革命之后,欧洲各国的工业和经济发展都有了突破。工业化的生产模式不仅克服了手工生产的问题,而且催生了更加多样化的生产方式。特别是在德国包豪斯的设计中,强调艺术(艺术装饰效果图)与工业的结合、造型的简约与合理化,注重实用性与美感,给欧洲陶瓷带来了新的面貌。受20世纪80年代末至90年代简约氛围的影响,欧洲陶瓷整体倾向于灵活、个性化。

目前,欧洲各国也在功能陶瓷和高温结构陶瓷的开发上投入了大量的资金和人力,研究的重点是陶瓷活塞盖、排气管内衬、涡轮增压器、燃气轮等应用于发电设备的新材料技术。如果设备的冷却部分采用陶瓷材料制成,可大大减少能量和热量损失。此外,陶瓷热交换器具有回收锅炉或其他高温设备余热的能力,陶瓷管可以提高耐腐蚀性和换热效率,这些陶瓷材料在许多行业中都发挥着重要的节能作用。

二、我国陶瓷产业的结构

当前全球经济呈现多极化格局,世界经济的重心将从发达国家转向发展中国家和新兴经济体。中国经济总量迈上新台阶,从国家统计局发布的数据来看,2021年国内生产总值为1143670亿元,按不变价格计算,比上年增长8.1%。在当前复杂多变的国际经济形势下,可以判断,未来全球经济发展的重心将由发达国家向发展中国家和新兴经济体转移。中国是发展中国家和新兴经济体的"领头羊",已成为世界多极化中的重要一极。可见,世界性权利关系正在发生结构性变化,中国已经成为全球经济变革中主要的影响力之一,还将继续、深刻地改变传统的世界格局。

中国是陶瓷生产大国,受宏观经济和行业等因素影响以及绿色发展理念的贯彻落实,我国陶瓷产业面临着较大压力,转型升级进入关键时期。我国陶瓷产业的企业规模相对较小,且在激烈的市场竞争环境中盈利能力有所下降,但总体来看,我国陶瓷产业发展还是呈增长趋势,企业数量已达到较为稳定的水平。

(一)产品结构分析

总体来看,陶瓷行业生产及利润依然保持稳中有增的态势,但受经济不景气的影响,总体增速有所下降,且在结构上表现出显著差异。其中,建筑陶瓷虽然占据了"半壁江山"但利润增速下滑,日用陶瓷利润增速逐渐上升。

1. 数量方面

国家统计局和中国建材联合会公布的相关数据显示,2020年上半年,全国陶瓷砖累计产量45.44亿平方米,同比下降5.78%。其中,全国陶质砖累计产量12.93亿平方米,同比下降7.61%;全国瓷质砖累计产量32.51亿平方米,同比下降5.02%。其中,2020年第一季度全国陶瓷砖累计产量16.89亿平方米,同比下降13.67%。广东省2020年上半年陶瓷砖累计产量80405.04万平方米,同比下降18.75%;四川省2020年上半年陶瓷砖累计产量49928.79万平方米,同比下降3.36%。

佛山市陶瓷行业协会公布的相关数据显示,2020年上半年佛山市陶瓷行业数据如下:瓷质砖产量36480.71万平方米,同比下降20.9%;陶质砖产量2407.85万平方米,同比下降8.9%。陶瓷砖总产量3.88亿平方米;卫生洁具产量515.11万件,同比下降36.6%。陶瓷总产值318.11亿元,同比下降21.8%。

由此可以看出,陶瓷行业生产逐渐恢复正常,2020年第二季度产量与去年同期相比有明显提升。但总体来说,2020年上半年全国陶瓷砖累计产量仍未恢复至去年同期水平。

2.经营方面

陶瓷行业销售收入增加,但增速放缓。国家统计局和中国建材联合会公布的相关数据显示,2020年上半年,规模以上建筑陶瓷工业主营业务收入累计1352.22亿元,同比下降6.4%。2020年1—6月,规模以上建筑陶瓷工业利润总额累计78.33亿元,同比下降7.56%;销售利润率5.79%,比上年同期减少0.08个百分点。陶瓷行业增速放缓,新兴陶瓷生产发展迅速,从各类陶瓷产品的销售收入占比结构来看,建筑陶瓷、日用陶瓷和卫生陶瓷销售收入占比有所下降,而园艺陶瓷和特种陶瓷的销售收入占比有所上升。其中,原来属于"小众"的园艺陶瓷销售收入占比大幅度上升,占比已经超过卫生陶瓷。

陶瓷产品利润结构总体稳定,但随着需求结构的调整,陶瓷产品的利润结构也出现了结构性变化的趋势。从趋势上看,园艺陶瓷利润占比出现较大提升,日用陶瓷利润占比略有上升,特种陶瓷和卫生陶瓷的利润占比都有所下降,企业盈利能力下降,在陶瓷行业整体营收规模扩大的同时,陶瓷产品的毛利率在不断下降。

(二)进出口结构分析

从出口数量方面来看,2020年中国陶瓷产品出口数量为1768万吨,同比下降16.7%。从月度数据方面来看,2020年1—2月中国陶瓷产品出口数量为222万吨;3—12月期间,中国陶瓷产品出口数量于12月达到最高值,为187万吨,4月中国陶瓷产品出口数量达到最低值,为116万吨[①]。

从出口金额方面来看,2020年中国陶瓷产品出口总额为251.17亿美元,同比无变化。从月度数据方面来看,2020年1—2月中国陶瓷产品出口金额为23.323亿美元;3—12月期间,中国陶瓷产品出口金额于12月达到最高值,为32.260亿美元,在4月达到最低值,为15.104亿美元。

据中商产业研究院数据库提供的数据,从各产品的出口结构来看,不同陶瓷品种的出口数量增长情况差异明显。2020年园艺陶瓷、建筑陶瓷和日用陶瓷出口

---

① 数据来源:中商产业研究院数据库。

数量同比有所增加,同时,特种陶瓷和卫生陶瓷的出口数量同比有所下降,特种陶瓷出口数量同比下降幅度最大,这使得特种陶瓷出口数量在陶瓷出口总量中的占比进一步下降。受新冠肺炎疫情的影响,我国陶瓷砖出口数量下降了32.31%,但2020年第一季度,山东、浙江、河北、湖南、辽宁、贵州、云南、内蒙古的陶瓷砖出口数量都在增长。不过,排名前三的广东、福建、广西等省(自治区)的陶瓷砖出口数量下滑幅度分别为28.83%、12.69%、38.04%,所以整体下滑幅度明显。

从进口陶瓷方面来看,2020年1—5月我国陶瓷砖进口金额为5358万美元,与2019年同期的6368万美元相比,下滑了15.86%;进口总量为230万平方米,陶瓷砖进口平均单价为1.28美元/千克与23.21美元/平方米。由于受2020年上半年新冠肺炎疫情尤其是欧洲新冠肺炎疫情的影响,我国从意大利和西班牙进口的瓷砖数量有不同程度的下降,分别下滑了27.74%和2.60%。而从印度、土耳其、俄罗斯联邦三国进口的瓷砖数量依旧呈增长的趋势,尤其是印度瓷砖,进口数量依旧呈激烈的增长趋势。

总之,尽管2020年我国陶瓷产品部分数据的增速略有放缓,但我国仍然保持世界产量第一、出口第一、人均消费第一的陶瓷大国地位。

三、我国陶瓷产业的发展分布现状

改革开放以来,我国陶瓷产业快速发展,企业数量已达到较为稳定的高位水平,陶瓷企业集聚形成集群。然而,总体来看,我国陶瓷产业的企业规模相对较小,产业集中度低,且在激烈的市场竞争环境中盈利能力有所下降,在海外市场的竞争力较弱,企业数量总体保持稳定。2011年之前,全国陶瓷企业数量总体保持上涨趋势,陶瓷企业净进入数量逐年增加,全国陶瓷企业数量于2010年12月达到2400余家。2011年,全国陶瓷企业数量出现了明显下降,全年陶瓷产业净退出600余家企业,之后,全国陶瓷企业数量开始恢复性增长。到2020年12月,全国陶瓷企业数量回升至2100余家。

江西、广东、山东、河北、湖南、福建、浙江等省(自治区、直辖市)是我国主要产瓷区。在产瓷区分布范围呈不断扩大趋势的同时,至少有20个省(自治区、直辖市)有着属于自己的陶瓷产业体系。下文将以陶瓷类型作为分类依据,具体陈述我国陶瓷企业的分布现状。

(一)建筑陶瓷

从行业总体布局来看,广东、福建、山东等省(自治区、直辖市)是我国重要的建筑陶瓷生产基地,集中了一大批规模以上企业。但这种趋势目前有所改变,近年来江西省一跃成为建筑陶瓷产业转移的最大承接地,高安等地很快成长为国内建筑陶瓷新兴产业基地。广西和河南也是产业转移的重点承接地,陶瓷砖产量有明显增加的趋势。

(二)卫生陶瓷

2020年,广东和河南两省是全国排名前二的卫生陶瓷生产基地,占比分别38.43%、22.05%,福建、河北、湖北、山东和上海占比分别为9.45%、9.13%、4.80%、3.57%和3.49%[①],产业布局总体呈现"东密西疏、南重北轻、东移中接"的态势。在劳动力成本快速上涨、环保压力加大等因素的推动下,山东、广东、福建等传统卫生陶瓷大省的优势地位有所改变,越来越多的行业龙头企业开始到中西部或海外布局,开辟新的生产加工基地。河南、湖北等中部省份承接东部产业转移而逐渐成为卫生陶瓷生产基地。我国西北地区和西南的云贵地区卫生陶瓷产业规模非常小,主要是由于这些地区距离中心市场较远。

(三)工业陶瓷

2020年,我国工业陶瓷制品制造业规模以上企业的主营业务收入为1352.22亿元。其中,江西、山东和湖南是我国排名前三的工业陶瓷生产基地,占比分别为36.84%、26.88%和12.33%;江苏是工业陶瓷的传统优势生产基地,占比为8.82%[②]。总的来看,我国工业陶瓷产业总体布局呈现"三大基地、中部崛起"的基本特点。在生产成本过快上涨、原材料几近枯竭等因素的冲击下,长三角地区基本失去了生产工业陶瓷的传统优势,中部地区凭借着技术、要素成本和资源环境等优势实现后发赶超,成为新的接续增长区域。从行业总体布局来看,我国东北、华北、西北和西南地区的工业陶瓷产业规模很小,不具有规模优势。而江西萍乡从"煤都"转型为"工业瓷都",成为国内最大的工业陶瓷生产基地。

(四)日用陶瓷

从地区转移趋势来看,广东、山东和湖南曾是我国日用陶瓷生产大省,地区集中度比较高,规模以上企业和中小企业数量较多。但受市场环境等因素的影响,这种状况也发生了一些变化,到2020年底,山东、江苏等省的日用陶瓷产业优势不断削弱,而江西成为这一轮日用陶瓷产业转移的最大承接地。景德镇不断扩大行业优势,而抚州和吉安已成长为国内日用陶瓷新兴产业基地。

---

① 数据来源:国家统计局。
② 数据来源:华经产业研究院。

四、陶瓷产业的发展环境分析

贸易保护主义盛行、大国博弈和国内经济增长放缓广泛地影响着陶瓷产业的发展,对产业链下游从事陶瓷产品开发的陶瓷产业提出了挑战。陶瓷行业需要明晰目前存在的问题,进而调整和锚定发展定位。

(一)国际贸易发展环境分析

近年来,受全球产能过剩、贸易保护主义抬头、发达国家再工业化替代部分进口等问题的影响,全球 GDP 的增长对全球货物贸易额的带动显著减少。伴随着全球贸易趋于稳定,2021 第三季度全球货物贸易额同比增长约 24%,显著高于新冠肺炎疫情前的水平,与 2019 年第三季度相比增长了约 13%。世界贸易组织 2022 年 1 月 21 日发布的数据显示,继 2021 年全球货物贸易额强劲反弹后,2022 年初全球货物贸易额增长势头减弱,全球 GDP 以及进出口贸易额低速增长,令贸易环境在短期内难有改观,对中国陶瓷产业出口的影响基本呈中性。

总体上看,我国陶瓷产品在中低端市场上依然未摆脱以量取胜、低价竞争的局面,一直是国际贸易摩擦最为频繁的"重灾区",各种名目的贸易调查络绎不绝,如遭遇印度、菲律宾、埃及、厄瓜多尔、马来西亚、韩国、巴基斯坦、土耳其、哥伦比亚、阿根廷、泰国、巴西、印度尼西亚、秘鲁、墨西哥、乌克兰等国家和地区的贸易调查及制裁,调查内容涵盖日用陶瓷、卫生陶瓷、建筑瓷砖等。

近年来,在商务部的指导与陶瓷行业协会的协调下,我国陶瓷企业积极应对国外反倾销起诉,在这方面积累了不少有价值的经验,应对发达国家技术性贸易壁垒的能力也有所提升,但要应对频繁发生的国际贸易摩擦,仍然是心有余而力不足。只有全面提升产品品质、科技含量、附加价值,实现产品的高品质、高科技含量、高附加值的顺次递延,才能使我国陶瓷产业从根本上摆脱战略趋同、价格扭曲、低层次竞争的困境。

(二)国际经济发展环境

自 2021 年以来,大国博弈加剧,保护主义蔓延。世界经济和贸易总体上延续复苏态势,但复苏动力弱化,增速同步放缓,全球经济仍将延续温和、低速增长态势。

2022 年 6 月 7 日,世界银行发布最新的《全球经济展望》报告。这份报告预测 2022 年全球的 GDP 增速将会从 1 月份的 4.1% 下调至 2.9%。而过了 3 日,国际货币基金组织发言人表示,全球的 GDP 增速预期还会再向下滑。由此可以看出,全球经济在受到新冠肺炎疫情、通胀高企等影响下,增长呈现放缓的趋势。而在新冠肺炎疫情影响下,复苏经济也会比想象中难很多。目前,全球多个国家进入"低增长,高通胀"的滞胀期。

据东方财富网报道,美国零售数据呈负增长,美联储降息概率增大,经济增长出现明显放缓。这表明令人担心的美国制造业可能已经开始影响到美国的消费者支出,为美联储潜在的降息再次打开了大门。疫苗接种使全球经济持续复苏,但新冠肺炎疫情反复、变异新冠病毒德尔塔毒株和奥密克戎毒株的出现和蔓延,使经济复苏势头减弱,不确定性上升。日本经济入平台期,未来上行动力和下行压力并存。受全球经济增速放缓的影响,日本出口逐渐丧失活力,国内生产和投资陷入停滞。人口数量、社会超老龄化程度、地方活力状况、社会保障改革状况以及财政改善状况等成为影响日本经济增长的主要因素。美元走强、需求疲软令国际大宗商品价格低迷,影响了中东等资源型国家的经济增长潜力。

(三)国内经济发展环境

1. 经济运行总体平稳,经济发展前景良好

固定资产投资延续恢复态势,剔除基数效应的投资增速稳步回升。受2021年同期基数效应大幅波动影响(1—2月断崖式下跌,3月新冠肺炎疫情后逐步减弱),国家统计局2022年5月16日表示,总体来看,4月份新冠肺炎疫情对经济运行造成较大冲击,但这种影响是短期的、外在的,我国经济稳中向好、长期向好的基本面没有改变,转型升级、高质量发展的大势没有改变,稳定宏观经济大盘、实现发展预期目标有利条件较多。

受益于制造业较强的韧性,2022年我国出口继续保持较高增速,工业生产持续增长,制造业在GDP中所占比重有所提升,其中,高技术制造业发展态势更为突出。信息传输、软件和信息技术、科学研究和技术服务等现代服务业的增长势头也较为亮眼。

2. 货物贸易进出口规模首破6万亿美元:"一带一路"沿线国家贸易占比持续提升

根据海关总署的统计,2021年,以美元计价,我国货物贸易进出口总值达到了6.05万亿美元。换言之,2013年我国货物贸易进出口总值首次达到4万亿美元,时隔8年,我国货物贸易进出口总值在一年内接连跨过5万亿美元、6万亿美元两大台阶,达到了历史高点。

根据商务部此前公布的《"十四五"商务发展规划》,"十四五"期间,中国货物贸易进出口规模的预期目标为:到2025年,中国货物贸易进出口规模达到5.1万亿美元。这也意味着,我国在"十四五"开局第一年就已提前完成规划设定的

目标。

根据海关总署的统计,2021年10月,我国前五大贸易伙伴依次为东盟、欧盟、美国、日本和韩国,对上述贸易伙伴的货物贸易进出口规模分别为5.67万亿元、5.35万亿元、4.88万亿元、2.4万亿元和2.34万亿元,同比分别增长19.7%、19.1%、20.2%、9.4%和18.4%。同期,我国对"一带一路"沿线国家货物贸易进出口规模同比增长23.6%,比整体增速高2.2个百分点。

3. 消费强劲复苏:社会消费品零售总额首破44万亿元

2021年,44万亿的社会消费品零售总额已经创历史新高。即便在新冠肺炎疫情暴发前的2019年,全年社会消费品零售总额为41.2万亿元,与2021年相比相差约2.8万亿元。

国家统计局局长宁吉喆指出,2021年我国社会消费品零售总额超过40万亿元,比上年增长12.5%;固定资产投资规模超过50万亿元,比上年增长4.9%;内需对经济增长的贡献率达79.1%,比上年提高了4.4个百分点;经济增长还是以内需拉动为主。谈及2021年我国消费市场的情况,宁吉喆指出,升级类消费需求持续释放,限额以上单位金银珠宝类、文化办公用品类商品零售额分别增长29.8%、18.8%。

中国国际贸易促进委员会研究院副院长赵萍曾在接受《每日经济新闻》记者采访时表示,国内疫情得到有效控制、居民收入稳步提升是推动消费规模创新高的关键因素。此外,供给端的创新为促进消费提供了更加广泛的选择,也更好地满足了消费升级的需要,"比如数字化产品类型更加丰富、节能环保类商品不断增多等,都起到很好的刺激消费作用"。

2021年全年,全国网上零售额为130884亿元,比上年增长14.1%。其中,实物商品网上零售额为108042亿元,比上年增长12.0%,占社会消费品零售总额的比重为24.5%。

(四)国内技术发展环境

我国陶瓷产业能耗以煤炭和燃气为主,然而,陶瓷制造业高能耗、低效率的"帽子"仍然没有从根本上甩掉,提升装备技术是提高能源利用率、向能源节约型增长方式转型的关键所在。随着改革开放和出口贸易行业发展的不断深入,国内陶瓷产业技术得到了一定发展和革新,主要表现为以下两个方面。

一是利用陶瓷工业废弃物再生资源化技术,实现资源的最大化利用,达到环保的成效。例如,以陶瓷废料为主料,可以制备免烧型广场道路砖;以煤渣为主要原料,以废瓷料为骨料,可以生产地铁吸音材料;利用陶瓷废渣和铝型材废渣,可以生产节能保温的建筑陶瓷板材,能直接铺贴在外墙上作为保温层。这些技术,一方面可以满足新型城镇化建设的需要,另一方面能综合利用一些低品位原料及工业废渣,降低陶瓷产业物耗,减轻对环境的破坏,促进循环经济的发展。

二是更新生产设备,提升自动化水平,满足节能减排的需求。在节能减排压力与日俱增的今天,越来越多的陶瓷企业开始在减员增效、提高全要素生产率、提升自动化水平上下功夫。陶瓷企业装备技术升级换代全面提速,融合机械和陶瓷工艺技术,集成机械、电子、液压等领域的高新技术的自动化、信息化、智能化的先进设备需求大幅度增加。窑炉是陶瓷工业最关键的热工设备,也是能耗最大的设备。随着全球化进程的加速推进,采购全球化、售后服务全球化正式提上日程表,企业对窑炉设备的监控要在全球范围内方便、有效地进行。窑后智能整线工程,通过互联网、云计算智能化整合陶瓷生产窑后设备,打造集自动化、智能化于一体的数字生产线,真正推进窑炉设备的物联网化进程,国产窑炉开始进入云控时代。已经推向市场的智能管控一体化系统,包含了抛光能效管理系统、窑炉远程监控系统、喷墨打印机远程监控系统,未来还会延伸到原料车间、成型车间以及末端的仓储物流系统。

五、陶瓷产业创新发展体系

(一)陶瓷行业大力推进创新技术

建材行业制定了旨在筛选、评估建材行业节能减排先进技术的《建材行业节能减排先进适用技术目录(第一批)》,对各种节能减排先进技术的适用条件、节能减排效果、成本效益分析、技术水平、技术知识产权状况、技术应用情况等内容进行详细介绍,以加快我国建材行业节能减排先进适用技术的推广和应用。目录从生产过程节能减排技术(7项)、资源回收利用技术(3项)、污染物治理技术(1项)三个方面筛选了共计11项先进技术,为建筑卫生陶瓷节能减排技术的发展提供了方向和指导。

(二)地方政府着力构建区域创新体系

为了助力佛山建设国家创新型城市的战略目标,佛山陶瓷产业将紧扣该目标实现产业转级,进一步健全区域创新体系,大力整合创新资源,使企业、高校、研究机构等联合起来实施产学研合作,为陶瓷产业发展打造创新平台。政府也在资金、税费、人才引进等方面加大投入和支持。佛山市政府自2012年开始,每年在20亿元的国家创新型城市专项资金中拨款2亿元专门支持区域陶瓷产业的技术创新。2014年12月30日,德化县人民政府制定了《德化县人民政府关于进一步推动陶瓷产业转型升级的实施意见》,该意见提出:鼓励科技创新,强化商业模式创新;大力发展陶瓷电子商务,鼓励发展总部经济;在打造科技创新平台的基础上,培育一批创新企业,整体提升区域科技创新能力;加强知识产权保护,推动陶瓷行业"两化"融合发展。

(三)持续鼓励陶瓷先进适用新技术的研发和推广

1. 低温快烧技术

由于节能环保的相关要求及由此带来的压力,低温快烧技术是陶瓷技术未来的发展方向之一。燃料成本在整个陶瓷生产成本中占比很高,低温快烧技术能快速降低燃料费用和成本,是未来陶瓷企业制胜的重要新技术。低温快烧技术的关键在于低温快烧原料的获取与研发,因此,国家要鼓励对适合低温快烧的矿物原料的开采,并给予一定的奖励;对使用这些矿物原料并实现低碳化的企业也给予优惠政策,如碳排放权的转让和碳排放配额的结转、能源节约经费奖励等。

2. 减薄、轻量化技术

为了节约能源,未来陶瓷在减薄、轻量化方面也大有可为。薄板是一种新兴材料,国家已经制定了陶瓷砖减薄、卫生陶瓷轻量化的标准,目前主要的困难体现在薄板的市场认知度、接受度、施工难度以及服务体系的成熟度等方面。为了让企业主动实施减薄、轻量化技术,国家应该给予先行企业一定的扶持。企业应该对施工单位和人员进行培训,让他们掌握薄板铺贴技术。此外,企业应该为消费者形成示范,给予消费者一定的实惠,以提高这种新兴材料的市场认知度。

3. 陶瓷喷墨打印技术

陶瓷喷墨打印技术是陶瓷行业颠覆性的技术革新,它使任何一种图案都可以呈现在陶瓷表面,满足了消费者的个性化消费需求。国内已经开始研发陶瓷喷墨打印技术,但与国外相比还存在较大差距。因此,国家要出台相关政策支持该项技术的发展。2011年7月1日,工业和信息化部印发了《产业关键共性技术发展指南(2011年)》,装备制造业下的"高档印刷装备"涉及三项关键共性技术的发展,具体为高端、智能化印刷机墨色控制系统技术,高端、智能化印刷机电子轴(无轴)传动系统技术,喷墨数字印刷机压电式喷墨打印头制造技术。在国家政策扶持下,未来这些技术的发展前景比较乐观。

(四)"互联网+"陶瓷产业融合发展

2009年,陶瓷企业就意识到电子商务时代的到来,各大陶瓷品牌相继成立了电商事业部。截至2022年6月,入驻京东商城的陶瓷店铺数量超过900家,入驻天猫商城的陶瓷店铺数量超过2000家。各个企业都在探索适合自身发展的"互联网+"形式,拓展电子商务产业链,大力发展陶瓷类 B2B、B2C、P2C 电子商务公共服务平台,积极建设陶瓷垂直类电子商务交易平台和电子商务分销平台。引进、培育一批电子商务配套服务企业,由轻资产经营模式发展到重资产经营模式,是互联网家装 O2O 发展的总趋势,消费升级让互联网家装走向一站式服务时代。打通信息化系统,建立完善的 BIM 系统和供应链 ERP,就能实现精确的供应链管理和标准化施工。这种变革在很大程度上能帮助上游供应商,包括建材瓷砖生产商、卫浴生产商获得精准的生产信息,走出供需失衡的困境,所以 F2C 的模式对处于产业链上的多方都有好处。与此同时,传统的陶瓷生产企业要在意识上觉醒、在思想上与时俱进,才不会在"互联网+"时代被淘汰出局。

第五节 陶瓷产业发展的制约因素

产业的发展一般受宏观政策、社会经济环境以及技术创新的影响。自从改革开放以来,我国陶瓷产业在市场经济下得到了巨大的发展,我国成为全球陶瓷生产大国和消费大国。陶瓷产业从高速发展到增速变慢源于诸多方面的制约因素:在政策层面上因生态环境问题而受到管制;在陶瓷的生产销售过程中面临着生产成本的上升、销售渠道的受阻以及产能的过剩等问题;在陶瓷产品的发展中面临创新不足的现状。

一、政策管制

国家将"绿色发展"列为"新发展理念"之一,明显加大了对环境整治的力度,加强了对环境的监测,尤其是对空气质量的监测及基础数据的公开。社会舆论与监督也明显增多,民众对环境要求越来越高,环保意识越来越强。

陶瓷产业在生产过程中对土地资源和能源消耗较高,对资源的开采需求较大,很容易给环境带来污染。尤其是一些以陶瓷产业为支柱产业的地区,近年来,陶瓷生产给当地环境带来的负面影响已经逐渐凸显。以我国广东佛山为例,作为中国较大的陶瓷生产地之一,佛山每年仅生产陶瓷消耗的原料就不止 4500 万吨,生产陶瓷造成的各种污染物排放量更是不容忽视的,改进生产工艺以降低生产过程的能耗是行业发展的必然趋势。因此,行业可能面临因环保节能标准而限制生产的问题。从我国目前的陶瓷行业生产情况来看,还没有形成陶瓷废料可再生利用的体系,在一定程度上造成能源过度消耗,不利于陶瓷产业的持续发展。而且陶土资源等矿产资源具有不可再生性,过度开采会使生态平衡遭到破坏。

近些年来,随着生态文明受到社会的广泛关注,各地政府也纷纷出台相关措施来保护生态环境。节能减排目标的提出,相应法律、法规的制定,使陶瓷产业发展面临新的考验。特别是在东部地区,地区产业结构调整升级的步伐更快,加快了淘汰传统产业的速度。一些地方在执行政策时缺乏精细化的政策工具,"一刀切"的做法仍然普遍存在。在此背景下,陶瓷企业都在寻找转型升级的路径,但普遍是被动转型,面临的不确定性较大。

二、成本上涨

原材料及能源价格波动风险。陶瓷产品的主要原材料包括瓷泥、高岭土和化工材料等,主要能源为石油气和天然气,这些材料占营业成本的比例较大,价格上升会导致产品生产成本提高,行业面临原材料和能源价格波动带来的成本变动风险。陶瓷生产成本中原材料成本占比较大,新建的陶瓷生产线相继大量投产会导致对高岭土的需求进一步增加。高岭土属于稀缺性资源,这就使高岭土在陶瓷产业生产过程中的地位显得更重要。同时,我国现在的陶瓷产品主要集中于中低档品,且生产工艺不够先进,使大量高岭土资源被消耗,造成高岭土资源的紧俏,从而导致高岭土价格的不断提升,如干粉高岭土价格从 2016 年的 400 元/吨涨到 2021 年的 1000 元/吨以上,进而增加了企业的生产成本。由于高岭土本身的稀缺性和经济发展中物价的正常上涨,未来陶瓷产业生产的增长速度会放缓这一趋势短期不会改变。近年来,燃料、色釉料、劳动力、物流、环境治理、水电等成本持续提高,不断挤压着陶瓷产业的利润。受房地产限购政策的持续影响,陶瓷产业利润进一步上涨的空间受到较大限制,在一些地区甚至呈现利润下降趋势。此外,与陶瓷产业、房地产业息息相关的家居产业也受到明显的需求压力。

三、产能过剩

前些年受下游市场需求带动,陶瓷生产企业"遍地开花",全国陶瓷产业产能快速扩张。受下游市场需求紧缩和出口形势的影响,建筑陶瓷需求下滑,产能利用不足的情况较为突出,一些地区的陶瓷企业处于停产或半停产状态。当前,我国陶瓷产业结构也在进行深入调整,我国东部沿海地区产业向中西部地区转移的步伐加快,中西部地区资源、要素成本和市场潜力的潜在优势得到利用,但是产业转移并没有有效消除过剩产能。在供给侧结构性改革"三去一降一补"的政策目标中,"去产能、去库存"都与陶瓷行业息息相关,加大了陶瓷产业结构升级的压力。

四、渠道受阻

一方面,中国作为世界陶瓷生产的主要国家之一,虽然在陶瓷进出口量上位于世界前列,但在出口陶瓷的质量和品质上始终以中低档为主。产品质量直接决定着产品价值,中低档产品本身的价格定位较低,加之我国陶瓷产能供大于求,各企业纷纷通过价格竞争谋求市场,使陶瓷产品利润微薄,企业盈利较少。另一方面,我国的陶瓷企业往往自主创新能力较差,产品在国际市场上竞争力较弱。我国若想在国际市场上有所突破,从陶瓷大国转变为陶瓷强国,务必要从根本上注重产品质量的提升,进行产业结构调整,继而以优良的品质跻身世界陶瓷行业前列。

市场需求减弱给传统陶瓷营销模式带来了严峻挑战。建材卖场仍然是陶瓷产品销售的主要渠道之一。受房地产市场调整的影响,建材卖场的经营状况和营销策略也处于权变状态,而新的卖场还处于市场培育期,抵抗市场风险能力较弱,大量陶瓷商户经营状况受其影响较大。销售端的困难传递至生产端,加大了供给侧结构性改革的难度。

五、创新不足

(一)企业自主创新意识薄弱

在实际的工作中,国内的不少陶瓷企业担心自主创新会投入太多的成本,并且存在较大的风险,所以陶瓷产业科技的自主创新发展缓慢,导致现在竞争力较低的状况。此外,有些公司忽视自主创新的重要性,也不重视先进技术的引进,保持了投资少、收效快、风险小的现状,从而在一定程度上限制了我国陶瓷产业的发展。还有一些企业追求自主创新的意识较弱,再加上资金上的短缺,致使自主创新能力提升受阻。这种状况无疑会导致陶瓷产业止步不前,缺乏强有力的竞争力。在当前的市场背景下,如果陶瓷企业不能谋取自身创新,不能不断进步,必定被激烈的市场竞争所淘汰。

(二)技术创新人才短缺

国内的一些陶瓷企业由于资金短缺,在科技研发以及人才培养方面投资较少,致使人才短缺。在激烈的市场竞争中,人才是产业之间竞争的主要内容,陶瓷产业缺乏人才,必定会限制自身的发展,降低整体的竞争力。

(三)技术创新资金缺乏

国内陶瓷中小企业以及手工作坊或者工作室较多,其主要生产陈设艺术陶瓷和一些日常用品,小规模的经营方式致使企业自身现金流不足,难以支持技术创新。各级政府对陶瓷产业并没有过多的支持,致使该产业的发展缓慢。鉴于目前竞争激烈的市场经济环境,如果陶瓷企业不能加大自身的资金投入、促进技术的不断创新,必定会限制自身的发展,情况严重时会致使企业倒闭。

(四)技术创新环境和技术服务体系有待完善

目前,国内的陶瓷产业发展规模较小,因而对我国经济发展的影响较小,并不能得到各级政府的重视,致使相关法律、法规难以得到完善,相应的技术服务体系也存在明显缺陷。

第二章 产业高质量发展的理论研究

第一节 产业高质量发展的内涵

一、产业高质量发展的提出

在当下和未来,我国经济发展的主题就是推动高质量发展。2017年,我国政府坚定地表明,要全力推动社会经济变革。为了更好地实现高质量发展的目标,必须始终坚持"质量第一""效益优先"两项基本原则。

实体经济的主体是制造业。产业的高质量发展为经济的高质量发展提供了重要保障和基础动力,必须将供给侧结构性改革作为发展重点,以创新驱动为核心。中国经济已转入高质量发展阶段,党的十九届五中全会明确提出"坚持把发展经济着力点放在实体经济上"。不难看出,实现我国经济高质量发展的关键所在,就是促进实体经济高质量发展。2018年12月召开的中央经济工作会议强调"推动高质量发展是当前和今后一个时期确定发展思路、制定经济政策、实施宏观调控的根本要求""必须加快形成推动高质量发展的指标体系、政策体系、标准体系、统计体系、绩效评价、政绩考核,创建和完善制度环境"。2019年的《政府工作报告》围绕"推动制造业高质量发展,强化工业基础"提出了具体举措。2020年7月17日国务院颁布的《国务院关于促进国家高新技术产业开发区高质量发展的若干意见》中指出,要将国家高新区建设成为创新驱动发展示范区和高质量发展先行区。

产业是介于宏观和微观的中观范畴,起到过渡和衔接的作用。习近平总书记在多个重要场合强调,推动经济高质量发展,要把重点放在推动产业结构转型升级上,把实体经济做实做强做优。以上重要文件都显示出推进产业高质量发展的紧迫性和重要性,怎样推进产业高质量发展是当下亟待解决的难题。为深入贯彻党的十九大关于高质量发展的要求,谱写高质量发展历史新篇章,应在实现新旧动能转换、构建新型经济体制和管理机制上下足功夫,形成完整的高质量发展战略体系,落实高质量发展。

我国产业经济正处于结构优化升级的关键期,更加重视质量与效益的提升。近年我国产业经济虽保持较好的发展势头,但仍面临很多困境。例如,在产业发展上存在附加值较低、技术依赖性未得到根本解决等问题。产业高质量发展是推动经济高质量发展的重要引擎,提升产业高质量发展能力是推进经济高质量发展的先决条件。

如果从能力观的视角来看待产业高质量发展,那么产业高质量发展能力形成的内在依据是什么?其推进路径如何?需要什么外在条件?这些都是亟待解决的关键问题。

二、产业高质量发展的界定

以下是一些代表文献中关于"产业高质量发展"的界定,见表 2-1。

表 2-1 一些代表文献中关于"产业高质量发展"的界定

学者	关于"产业高质量发展"的界定
魏际刚	产业高质量发展是推动经济持续高质量发展的基础和关键,产业高质量发展是系统持续动态优化、以市场需求为导向、与政策相协调的符合产业发展规律的发展,其构成为战略、过程和结果高质量[1]
柳天恩、武义青	产业高质量发展具有社会属性,本质上是产业发展的合意性,即以新发展理念为基础、以社会矛盾变化为依据的以人为本[2]
涂人猛	产业高质量发展是构建一个四链融合的产业新体系,在创新能力、现代服务、生态等方面共同发展[3]
黄彦平	产业高质量发展是以创新驱动为核心,以提升全要素生产率为重点,实现生产和服务高端化的发展[4]
余东华	制造业高质量发展在活力、动力和竞争力上均要较强,要兼顾质量、效益和环境,要协调速度、结构和品质[5]
李雷、郭焱	光伏产业高质量发展的路径为增强实效、上下游协调发展、不断突破核心技术以及生产高度绿色化[6]

---

[1] 魏际刚.大变局下中国产业高质量发展的战略与路径[J].企业观察家,2020(10).
[2] 柳天恩,武义青.雄安新区产业高质量发展的内涵要求、重点难点与战略举措[J].西部论坛,2019(4).
[3] 涂人猛.建设和完善湖北制造业高质量发展的政策体系[J].政策,2019(6).
[4] 黄彦平.宁夏工业高质量发展路径探析[J].现代经济信息,2019(24).
[5] 余东华.制造业高质量发展的内涵、路径与动力机制[J].产业经济评论,2020(1).
[6] 李雷,郭焱.中国光伏产业高质量发展路径思考[J].中外能源,2018(10).

续表

学者	关于"产业高质量发展"的界定
李淼、梁爽	产业层面的高质量发展的内涵不仅在于以创新促转型,也在于扩大产业规模、优化产业结构和提高产品质量①
Zhu J.W., Wang Y.Y., Wang C.Y.	从资源依赖的角度出发,全面考虑了研发人员、研发支出、外部资源(政府补贴)和企业特征(企业规模、出口比率)对于高技术产业发展的影响②

从产业高质量发展的相关理论研究来看,欧美学者很少使用"产业高质量发展"这一概念,他们更多从产业增长、产业可持续发展、产业包容性增长等方面进行探究,这与产业高质量发展有相似、相通的地方。我国学者对于产业高质量发展的把握更加贴近国内产业的发展实际,产业的高质量发展相关概念更多是对经济高质量发展的延伸,不仅仅指单一产业经济的快速增长,更多是关注绿色发展、科技进步、市场公平、人民福利等多个方面。实现产业高质量发展的具体途径主要着眼于通过供给侧结构性改革,构建现代化的经济体系,紧扣"三大变革"实现转型。产业层面的高质量发展即产业生态系统的高质量发展,实现产业价值链的提升;企业层面的高质量发展以创新驱动、加强运营管理、提升效率为主要途径,实现企业品牌质量的提升。高质量发展评价指标体系研究则主要集中于三大视角:一是新发展理念视角;二是动力变革、效率变革、质量变革视角;三是供给与需求视角。

第二节 产业高质量发展的特征

产业高质量发展的导向是市场需求,政府要服务好产业企业。产业企业作为产业高质量发展的主体,应具备较强的技术改造能力和自主创新能力,要促进数字化与产业的深度结合,不断提升绿色减排水平、打造知名品牌、开拓国际市场等,最终实现产业核心竞争力不断提升,产业结构不断升级、优化。

一、技术改造能力和自主创新能力

技术改造具有在投资较少和周期较短的情况下,给企业带来更好的效益和减

---

① 李淼,梁爽.辽宁装备制造业高质量发展对策研究[J].对外经贸,2020(10).
② Zhu J W, Wang Y Y, Wang C Y. A Comparative Study of the Effects of Different Factors on Firm Technological Innovation Performance in Different High-Tech Industries[J]. Chinese Management Studies,2019(1).

少污染的优势,更为重要的是可以优化企业结构。技术改造离不开创新,自主创新是最为重要的环节。随着经济的快速发展和国内外市场竞争的不断加剧,各类生产企业在自身领域要加强自主创新、集成创新和引进消化吸收再创新这三方面的能力,掌握关键核心技术才能掌握产业话语权,加快构建创新平台,建立产学研合作机制,为产业转向高质量发展提供重要的支撑。

二、数字化与产业的深度结合

产业高质量发展要求大力发挥数字化的牵引作用,建立数字化机制,产业各方面要深入推进数字化进程,提升产业数字化的层次和水平。在产业高质量发展数字化进程当中,产生了"数据"这一新的生产要素,促进了产业生态各生产要素的快速流动。产业进行数字化转型,要更加注重业务数据化、数据资产化、资产价值化。这必然要求在产业内释放数字生产力的同时,建立起与数字生产力相匹配的数字化生产关系。数字技术的快速发展给产业高质量发展带来了新的机遇,产业应通过数字化赋能产业高质量发展,推动产业高质量发展的战略转型。产业数字化的深入提高了产业效率,改变了传统产业的发展理念,为我国产业高质量发展提供了方案。产业数字化转型在一定程度上打破了产业壁垒,促进了产业的跨界融合。生产要素流通史无前例地增快,优化了要素配置,这就使企业对技术创新更加重视,产业技术升级进而得到了推动。另外,产业数字化转型加剧了市场竞争,提高了资源利用效率,大大改善了收益不公平分配现象,进而推动产业组织持续优化。产业高质量发展推动企业生产力和市场竞争力的提升,数字化转型赋能产业高质量发展体现在实现以用户价值为导向、提高全要素生产率、增加产品的附加值以及促进现代产业体系的培育等方面。

三、产业绿色低碳循环发展

按照建设资源节约型、环境友好型社会的要求,以推进设计开发生态化、生产过程清洁化、资源利用高效化、环境影响最小化为目标,立足节约、清洁、低碳、安全发展,合理控制能源消费总量,健全激励和约束机制,增强工业的可持续发展能力。推动绿色低碳循环产业体系发展,重点就是从优化能源结构和推动产业结构转型两端发力,走可持续发展之路,实现人与自然和谐发展。在优化能源结构上,普遍实施"优化存量、拓展增量"双轮驱动模式。在推动产业结构转型上,发达国家和我国都纷纷采取再工业化战略,在新的技术平台上改造、提升制造业,推动战略性新兴产业和先进制造业发展,继续以核心技术和专业化服务掌控价值链的高端环节。

各国普遍把倡导和推广绿色消费、培育绿色文化作为推动绿色低碳循环产业体系构建的着力点,努力培育共同价值基础。可以预见,绿色低碳循环产业的生产和消费将成为未来经济增长的重点及国际贸易新的增长点。消费端和需求侧的变化将推动传统产业生态化改造,实现消费革命,并倒逼产业转型升级。

四、转移向高附加值产业

产业高质量发展不仅表现在产业结构和产业体系的总体特征的变化上,而且体现在战略的选择上。近年来,中国很多产业不断谋求转型和升级,其中,重要的方法之一就是寻求进入世界产业体系,有更高附加值的分工环节,从而使自身竞争力大大加强。这样的产业转型和升级方法称为"向全球制造体系渗透的精致制造战略"。通过这样的方法,中国产业在全球竞争中的"基本功"不断夯实,对中国产业的长远、健康发展有很重大的推动意义。向高附加值产业转移既可以有力地减少资源的耗费,又对居民收入增长、生态文明的经济建设有巨大的推动作用。

五、产业发展国际化

2021年,中国外贸进出口实现较快增长,货物贸易进出口总值同比增长21.4%,规模再创新高、质量稳步提升,实现"十四五"外贸良好开局。以美元计价,2021年中国货物贸易进出口总值达6.05万亿美元。换言之,2013年我国货物贸易进出口总值首次达到4万亿美元,8年后,我国货物贸易进出口总值在2021年内接连跨过5万亿美元、6万亿美元两大台阶,创历史新高。2021年全年外贸增量达1.4万亿美元。以人民币计价,2021年中国货物贸易进出口总值达39.1万亿元人民币。这些巨量的贸易数据,体现出在全球价值链中中国的影响力不断提升,中国产业的发展更加国际化。为适应我国对外开放的新形势,我国应更加注重引进产业高质量发展急需的先进技术设备,着力引进高端人才,加快实施"走出去"战略,努力提高产业对外开放的质量和水平。

六、提升产业链水平

产业链是指各产业部门间基于一定的技术经济联系,客观形成的链条式关联形态,包括价值链、企业链、供需链及空间链等维度①②。提升产业链现代化水平既是推动中国产业高质量发展、建设现代化产业体系的内在要求,也是应对全球产业链供应链变局、构建新发展格局的战略举措。产业链水平是综合衡量一个产业基础能力、运行秩序、治理效能以及控制力与竞争力的指标。

近年来,面对国内的经济转型和外部的风险挑战,中央统筹发展与安全,高度重视产业链问题。2018年12月召开的中央经济工作会议强调要"加快经济结构优化升级",要"提升产业链水平,注重利用技术创新和规模效应形成新的竞争优势,培育和发展新的产业集群"。2019年8月召开的中央财经委员会第五次会议提出,要充分发挥集中力量办大事的制度优势和超大规模的市场优势,打好产业基础高级化、产业链现代化的攻坚战。

"产业链现代化"作为中国特色经济术语,与"现代化经济体系""新发展格局"一脉相承,构成推进经济现代化的重要动力。产业链现代化指价值链各环节实现价值增值、企业链上下游分工达到有序协同、供需链连接富有效率和安全均衡、空间链区域布局有序集聚与扩散③,在主体层面包含创新能力更强、附加值更高、更加数字化、更加可持续等维度,在结构层面包含更加安全可靠、更加公平、更加协调顺畅等维度④。

党的十九届四中全会提出,要"积极发展新动能,强化标准引领,提升产业基础能力和产业链现代化水平"。党的十九届五中全会着眼"提升产业链供应链现代化水平",提出要"保持制造业比重基本稳定,巩固壮大实体经济根基""锻造产业链供应链长板""补齐产业链供应链短板"。随着国家和地方各级政府围绕产业链密集出台政策措施,产业链现代化建设进入全面推进期,必将推动产业高质量发展。

第三节 产业高质量发展的基本要求

现代化经济体系的核心特征就是高质量发展,建设现代化经济体系的基本要求也是高质量发展,实现经济高质量发展的基础和前提离不开产业高质量发展。

---

① 吴金明,邵昶.产业链形成机制研究——"4+4+4"模型[J].中国工业经济,2006(4).
② 盛朝迅.推进我国产业链现代化的思路与方略[J].改革,2019(10).
③ 罗仲伟,孟艳华."十四五"时期区域产业基础高级化和产业链现代化[J].区域经济评论,2020(1).
④ 中国社会科学院工业经济研究所课题组,张其仔.提升产业链供应链现代化水平路径研究[J].中国工业经济,2021(2).

中国特色社会主义进入新时代、内外部环境发生新变化、人民生活出现新要求，这些新变化要求我们走上高质量发展这条道路。产业高质量发展的基本要求包括以下四个方面：

其一，从制造大国迈向制造强国，关键是要解决发展中存在的不平衡、不充分问题，提高发展的整体性和协调性。着力加快建设实体经济、技术创新、数字金融与劳动力资源协同发展的产业体系。从"中国制造"转型为"中国创造"，主要是通过产业创新、技术创新、模式创新等途径，培育、扶持新兴产业，促进现代服务业发展，大力改造传统产业。

其二，新时代产业发展新动能离不开供给侧结构性改革和创新驱动，要牢牢把握质量，提高全要素生产效率。以推动高质量发展为主题，就要坚定不移贯彻新发展理念，以深化供给侧结构性改革为主线，坚持质量第一、效益优先。《中共中央关于制定国民经济和社会发展第十四个五年规划和二〇三五年远景目标的建议》指出，要"切实转变发展方式，推动质量变革、效率变革、动力变革"，从而使发展成果更好惠及全体人民，不断实现人民对美好生活的向往。

其三，产业的高质量发展应该满足人民的需求，使人民在产业高质量发展中得到更美好的生活。我国是社会主义国家，产业的高质量发展应该坚持社会主义，坚持以人民为中心，提供的物质产品要满足人民日益增长的美好生活需要。习近平总书记在党的十九大报告中阐述新时代坚持和发展中国特色社会主义的基本方略时，明确提出"坚持以人民为中心""把人民对美好生活的向往作为奋斗目标，依靠人民创造历史伟业"。产业的高质量发展应该着力解决新时代我国社会的主要矛盾。

其四，创新体制机制，完善社会主义制度，形成现代化的市场经济体制机制。通过深化改革和制度建设，充分发挥市场在资源配置中的决定性作用，着力构建市场机制有效、微观主体有活力、产业经济学宏观调控有度的经济体制，重要内容是建立和完善社会主义市场经济体制，促进科技与经济深度融合。

第四节　产业高质量发展的基本路径

要想推动产业高质量发展，应该走创新协同新路，突破内在瓶颈，破除外部束缚，构建引领创新、协同发展的产业体系，从而实现实体经济、科技创新、现代金融与人力资源协同发展，推进供给侧结构优化、全要素生产效率提高和产业价值创造提升。

一、推动生产要素质量变革

强化要素质量变革对产业质量变革、效率变革、动力变革的基础支撑作用,构建与现代产业体系发展相匹配的高质量要素供给体系。一是不断积累和优化配置人力资源,进一步加大对基础设施和民生领域的投入力度,加强跨领域人才和高端科技人才队伍的建设,为知识型、技能型、创新型劳动者提供更好的平台。同时,完善相关机制,使人力资源在发达地区和欠发达地区得到合理配置。二是发挥金融在产业高质量发展中的作用。发挥金融在小微企业、"三农"和脱贫攻坚方面的作用,避免经济实体脱实向虚,促进金融现代化发展。三是注重产业技术积累。注重引领技术创新,建立吸引全球创新资源的平台,加强产业标准话语权的争夺,加强科技基础前沿创新积累,发挥科技自主创新能力,推进创新链与产业链协同发展。

二、优化市场发展环境

产业高质量发展需要从保障市场公平竞争和降低实体经济成本两方面着手。一是为民营经济发展提供更多的政策保障,保障市场公平竞争。比如,出台推动公平竞争、维护投资安全、提高信贷可及性的政策;简化市场进入准则,破除民营企业进入壁垒;推行法治化建设,优化行政管理,维护投资者公平竞争的权利;出台保护民间投资者合法权益的政策,坚决抵制"只承诺不兑现""新官不理旧账"的现象。二是大力推行减税退费政策,切实降低实体经济成本。比如,减少交易成本,落实市场降费政策;推动政府向服务型转变,解决企业办事难、办事贵的问题;降低物流能源费用,进一步深化电力、石油、天然气、铁路等领域的改革。

三、加快产业政策转型

为了配合产业高质量发展,应推动产业政策转型,促进产业政策合理化发展。一是产业政策应转变为支持特定行业的选择性、特惠性产业政策。二是让产业政策重心从扶持企业、选择产业转向激励创新、培育市场。改变已有的产业扶持政策,加快公平竞争市场的构建以及完善相应的制度安排,鼓励新兴行业、创新型行业发展,加强税收政策支持,促进市场活力的迸发。

四、积极应对国际竞争

随着我国经济的发展,产业逐渐迈向中高端。发达国家针对我国的贸易保护主义进一步加强,可能由传统产业的"单面摩擦"变成传统产业与新兴产业的"双面摩擦"。所以,要在传统产业和新兴产业两个领域做好对贸易保护主义的防范和应对,扩大产业国际布局,继续加大开放力度,推动我国产业发展质量提升。同时,积极研究国外技术性贸易壁垒体系、反倾销调查体系和"双碳"壁垒体系,及时接轨国际相关技术标准,健全技术壁垒防范体系,搭建标准信息服务平台,降低企业对外投资风险。

第五节 实现产业高质量发展的政策导向

增长动力不强和下行压力变大的重要因素是粗放式工业化进程。为了加快转换新旧动能,创造产业增长新优势,必须看清产业高质量发展的主要特点和驱动因素。创新驱动、要素支撑和改革开放是产业高质量发展的主要助推因素。作为后发追赶型的经济体,我国的市场机制尚未完善,贸易壁垒仍然严重,加大制度供给能够进一步释放改革红利[1]。

一、产业高质量发展的方向是构建现代产业体系

在国内经济发展新常态下,为了实现产业高质量发展这一目标,构建现代产业体系是重中之重。目前,新一轮的科技革命影响着经济社会的各个方面,我国产业应该牢牢抓住这一历史机遇,构建现代产业体系。

日趋严峻的国际环境要求我们建设自主可控、安全高效的现代化供应链,强化产业基础能力和产业链水平。构建现代产业体系主要从以下几个方面展开:首先,保证实体经济稳定发展,使制造业在经济活动中占一定比重。产业高质量发展的根基是实体经济,要稳步提升实体经济的全要素生产率,着力解决产业链上下游实体经济协同发展的问题。居于产业体系主体地位的是传统工业,传统工业的技术进步是产业高质量发展的重要保障,传统工业价值链地位的攀升离不开新一代信息技术的带动作用。高新技术产业和战略性新兴产业是产业高质量发展

---

[1] 师博,张冰瑶.新时代、新动能、新经济——当前中国经济高质量发展解析[J].上海经济研究,2018(5).

的重要动力,要加大对这方面的投资力度。传统工业和新兴产业二者之间不是简单的竞争关系,需要掌握产业高质量发展的力度和节奏。政府要关注并扶持产业内具有骨干作用的企业,支持中小企业的活力创新和特色发展,保证国内建立完整的产业链和供应链,筑牢产业高质量发展的实体经济基础。其次,加强对产业转型升级和居民消费升级的重视程度,服务业有效供给要扩大,逐步淘汰无效供给,注重提升服务业发展质量和效率。围绕现代科学技术的快速发展,推动服务业走向智能化发展。以消费者不断升级的需求为导向,建设定制式、个性化且具有互动性的高端、完整的服务体系。加大对农业和制造业的扶持力度,促进先进服务业与现代农业和高端制造业有机融合、协同发展,推动生产性服务业向专业化和价值链高端延伸。最后,注重数字经济对产业高质量发展的不可或缺的作用。数字技术的应用大幅提高了生产效率,数字经济促进了产业高质量发展。加快数字技术与产业、现代服务业融合,推动生产性服务业高质量发展,在供需精准匹配、现代物流体系、商业营销服务等方面提供高效、智能、个性化服务。

二、产业高质量发展的核心动力是创新

产业高质量发展的核心问题和塑造国际竞争优势的关键是创新,科技创新在我国具有越来越重要的战略地位。未来我国现代化建设全局中处于核心地位的是创新,我国高质量发展战略的重要推动力是科技的发展。目前在产业高质量发展新动能中,创新推动作用较弱,应该从以下多个方面加快对科技和创新的建设。

(一)把技术创新作为产业发展新动能

制约中国产业转型和高质量发展的根本原因是缺乏核心技术且自主创新能力不足。无法实现关键技术突破,就难以在新一轮科技革命和产业革命中掌握主动权。"卡脖子"问题是近几年我国面临的难题。想要解决在产业发展中长期存在的这一问题,通过技术提升产品附加值与产业链地位,关键在于把创新放在首位,把核心技术掌握在自己手里。

(二)加强科技创新体制机制建设

首先,保证科技创新要素流动机制的健全,合理配置高端要素,包括知识、人才、技术、信息等,打破地区之间和行业之间的壁垒。其次,着力构建科技创新资源共享和主体互动机制,建立产学研深度融合的科技创新体系,加快科技成果转化。政府要积极投入足够的资金和政策支持,拓宽产学研合作的渠道,完善技术共享、扩散和溢出机制,促进高校与科研机构、企业的深度合作和协同发展,提高

合作创新、知识共享和成果转化的效率①。最后,完善科技成果转化机制和科技保障体系。比如,强化对科技成果市场化收益回报的激励,完善企业创新孵化载体和孵化链条;健全知识产权保障体系,营造良好的创新环境和科研氛围;加大知识产权保护措施的力度,完善知识产权相关法律、法规,健全知识产权维权体系和侵权的惩罚措施;优化专利资助奖励政策和考核评价机制,更好地保护和激励高价值专利。

(三)完善创新主体和载体培育

科技创新是产业高质量发展的核心,不断完善的创新主体是支撑创新充分发挥活力的重要载体。其一,企业是市场经济中极具活力的主体,也是极具创新性和竞争性的主体。我国巨大的消费市场和强大的产业实力,催生了一批闻名世界的高科技企业,如华为、中兴和大疆等。应充分调动和发挥企业在科技创新中的主力作用,鼓励地方政府和企业加大创新经费投入。企业的科技创新的主力作用是指企业要充分调动和发挥积极性,加大创新经费投入,建立合理的金融风险投资机制,保护知识产权,大企业应该为中小企业提供更多的公平机会,使其在科技创新和投融资方面得到更多的保护。对待国有企业,要刺激其内在的活力和创新动力,通过不断改革,充分发挥其创新"领头羊"的作用。其二,搭建更高水平的创新平台,使其能够培育多元化的创新主体。创新的中坚力量是高等院校和科研院所,可以通过加大对相关基础研究的投入力度,调动多方面的力量来发展核心技术。

三、全面深化改革

党的十九届五中全会再次强调"全面深化改革,构建高水平社会主义市场经济体制"的重要性。产业高质量发展势必会影响原有产业格局,对产业存在的固化利益进行重新分配需要充分发挥深化改革的作用,使其更好地服务于产业高质量发展,为产业高质量发展注入新的活力。

(一)深化经济体制改革

新发展阶段需要继续深化经济体制改革,实现经济和产业高质量发展。目前产业高质量发展还有许多制度障碍亟须扫清,例如,如何处理好政府与市场的关系、怎样才能健全更高水平的社会主义市场经济体制,这些问题的处理都需要政

---

① 何郁冰.产学研协同创新的理论模式[J].科学学研究,2012(2).

府发挥引领与服务作用。

价格扭曲和资源错配问题很大程度是体制机制改革滞后引发的,可以从以下三个方面入手,加快扫清产业高质量发展的制度障碍。

第一,需要建立更高标准市场体系,合理配置资源,更好地发挥市场的决定性作用。深化要素配置市场化改革,使要素自由流动,着力打造"流动自由、竞争有序"的要素配置市场。

第二,激发各类市场主体活力,把各类市场主体联结成完整的产业发展体系。一方面,毫不动摇地巩固和发展公有制经济,加快国有经济布局优化、结构调整和战略性重组,让国有资本向关系国计民生的重要行业和前瞻性、战略性新兴产业集中。健全国有资产监管体制,全面实行清单管理,加强事中、事后监管,严格责任追究,加快推进经营性国有资产集中统一监管。另一方面,毫不动摇地鼓励、支持和引导非公有制经济的发展,促进民营企业的高质量发展。保证民营企业依法平等地使用要素资源,公开、公平、公正地参与竞争。进一步放宽民营企业市场准入标准,破除行业进入、退出壁垒。加大对中小微企业的扶持力度,加大税收优惠和金融支持力度,提高民营企业自主创新能力并激发其高质量发展潜力。

第三,政府服务意识要加强,引导、协调和保障产业高质量发展。深化政府简政放权、服务于民的改革,解决政府干预和缺位之间的平衡的问题。完善地方政府与官员的考核评价和晋升机制,使地方政府由关注 GDP 增速转向综合考虑发展质量、绿色生态、民生福利等。

(二)深化供给侧结构性改革

大力推进供给侧结构性改革,为产业高质量发展提供要素供给。针对要素供给制约和错配的困境,围绕产业高质量发展的要求,在"十四五"期间要与时俱进深化供给侧结构性改革,改善供给体系的结构和质量,形成需求牵引供给、供给创造需求的良性循环。供给侧结构性改革的重点逐步转向降成本、补短板、促进创新、培育新动能,形成可持续、可调整、可完善、可退出的机制[①]。

第一,充分发挥我国巨大的人才红利优势,优化人力资本配置。知识和创新的不竭动力是人,人才驱动就是创新驱动。集聚人才既能够带来信息共享,又可以加速知识密集型产业集聚,还可以产生知识溢出的集聚效应。面临新一轮的产业之间的国际竞争,要想在国际竞争中走在前列,人才红利是我国巨大优势,必须充分利用。战略科技尖端人才和创新团队建设迫在眉睫,需要创设更加适合人才成长的环境,包括:吸引尖端科技领域的留学生回国就业,推进高水平大学以及研

---

① 郭克莎.中国产业结构调整升级趋势与"十四五"时期政策思路[J].中国工业经济,2019(7).

究机构的建设;为大数据、人工智能和数字经济等领域的高素质人才提供更多的政策支持;加强基础科学的教学和研究,更加注重产业和教学的融合、科学技术和产业的融合;培养关键领域的创新型人才,如关系国家核心安全以及长远发展的相关领域。

第二,金融供给侧结构性改革要继续深化,打通资本供给通道。要想改变资本要素错配这一现象,金融供给侧结构性改革既是必不可少的环节,也是解决中小企业"融资难、融资贵"这一世界性问题的重要方法。我国目前投融资体系还是采取以银行为主导的间接投资方式,银行、证券、股权和保险等直接投融资市场还需大力完善,供给主体亟待优化。经济增长的重要内生动力以及产业高质量发展的重要动力是民间投资,其也是主要"助推器"。在农业、制造业和服务业中,民间资本大有可为,要积极引导其进入相关领域。

第三,改善现有投资结构。重点支持普惠金融和中小微企业融资,限制股票和房地产市场的过度膨胀,缓解资本"脱实向虚"的状况。提高金融服务实体经济的能力,健全实体经济的长期资金供给制度安排,建成具有高度适应性、竞争力、普惠性的现代金融体系。引导资本向高科技产业、先进制造业、现代服务业倾斜,向中西部落后地区倾斜,减少无用、重复建设投资。

第四,管理部门要简政放权,提高市场化水平。政策工具只能在短期内促进产业发展,除了金融危机、疫情冲击之类的特殊时期,应该尽量减少政府对产业的直接干预。转变投资政策导向,坚持"稳增长、调结构、惠民生、防风险"的政策基调。要在严格的法律基础上建立和完善多层次的资本市场,减少资本市场的行政干预,进而提高市场化水平。完善上市公司的审核制度,进入、退出机制,以及资本市场的信息披露机制,推进资产证券化。

(三)加快产业政策调整转型,优化竞争性产业政策环境

传统的选择性产业政策会产生低效、错配等问题,针对功能性产业政策和竞争性产业政策暂时性缺位的现状,必须加快产业政策调整转型。在市场失灵的关键领域和外部性较强的经济活动中,协调好功能性产业政策和竞争性产业政策的关系,发挥好产业政策的积极作用。

第一,转变产业政策理念。放弃干预市场、替代市场、重点扶持的选择性产业政策,制定和实施以增进市场机能、扩大市场作用范围、弥补市场不足为特征的功能性产业政策和一视同仁的竞争性产业政策。推动产业政策从选择性向普惠性、激励性转变,向重点支持关键技术产业和战略性新兴产业转变。要更加侧重于提高产业发展的市场化水平,建立良好的制度环境并提供更好的基础设施服务。

第二,调整产业政策手段。新时代的产业政策手段要与市场激励相融合,大

幅度减少政府行政干预,从行政化向市场化转变,由行政指令向竞争立法转变。其中,财政补贴应从生产性环节向创新研发和消费服务等环节并重转变。在政策工具的选择上,从过度依赖税收优惠和财政补贴向发挥不同政策工具之间的互补性作用转变。

  第三,地方政府要增强产业政策与地方产业发展的适配性。众多地方产业政策在一定程度上演变成地方的招商引资政策,过度重视量的增加必然带来效率的低下。因此,地方政府要改变直接补贴的传统手段,充分发挥资本杠杆的力量和资本市场在支持企业发展中的作用。加快产业政策向创新型政策转型,将原本指向特定产业领域的支持政策转为与产业技术创新挂钩。完善创新补贴方式,提升企业创新效率,鼓励规模过小、数量过多的企业兼并重组,通过负面清单管理等方式治理部分产业存在的严重产能过剩问题。

第三章 产业高质量发展的系统分析

第一节 产业发展的系统环境

一、产业发展的系统环境的含义

系统,是由各个不同要素组合而成的。而环境,是指事物存在和发展所需要的外部支撑因素。因此,系统环境就是指一个由不同要素组合而成的整体存在和发展所需的必要条件。同理,产业发展的系统环境就是指产业发展作为系统主体所需的条件支撑。系统环境贯穿了产业发展的始终。可以说,一个产业的生命周期,即从出现到存续再到衰败,都与系统环境息息相关。

产业发展的系统环境不是单一的,按照观察角度可分为宏观系统环境和微观系统环境,按照其与产业发展的联系紧密程度又可分为内部系统环境和外部系统环境。环境因素是错综复杂的,一般包括文化、政治、经济等大环境,以及人才、政策、公共设施等细化的小环境。这些环境因素再有机融合,共同组成了产业发展的环境生态系统。

二、产业发展的宏观系统环境

对于产业发展而言,宏观系统环境是指在产业发展过程中产生较大影响的,总体上的、大方向上的环境,其主要包括政治环境、经济环境、文化环境、地理环境等全局性、整体性的环境要素。

政治环境是指产业在发展过程中所面临的国家重大战略的布局、政策的出台等,其对产业发展将产生质的影响。若国家战略鼓励支持某类产业,那么该类产业将获得更好的发展资源及更优质的政策倾斜,也将具有更强的发展潜能。

经济环境是指产业发展所处经济阶段、区域的经济发展水平及面临的经济形势。若产业处于经济的周期性危机时期,那么此时产业的泡沫就较多,也就不利于产业的高质量发展。经济环境还包括产业所处国家或地区的经济体制,如我国的社会主义市场经济体制就与欧美国家不尽相同,因此,我国产业发展的经济环境也就和这些国家存在明显差异。

文化环境是指产业发展中精神层面、价值观层面的因素,包括产业所在国家或地区的文化习俗、宗教信仰、民族精神。文化环境还包括社会对于不同产业的普遍认知等。与此同时,产业发展的理念、不同企业的企业文化也属于文化环境的范畴。

地理环境是指对产业发展产生影响的地理区位、地形地貌、环境资源等。不同的地区有各自的发展优势,有各自适合发展的产业,如钢铁产业适合在煤炭及铁矿资源丰富的地区发展。

三、产业发展的微观系统环境

产业的发展除了受总体层面的宏观系统环境的影响,还会受到微观系统环境的影响。微观系统环境是指在产业发展过程中具体的、细节层面的环境影响因素,对产业发展同样产生深远的影响,主要包括:技术环境、政策环境、金融环境、人才环境和服务环境。

技术环境是指在产业运行和发展中的技术支持因素。主要包括产业发展时期的研发技术水平,如互联网行业就是依托互联网技术发展起来的。此外,还包括新技术的使用效率及认可度、未来技术发展的趋势等。若未来某项技术有着蓬勃发展的趋势,那么也必然会为相关产业的发展带来利好,从而推动其发展。

政策环境对产业发展起着方向上的作用。不同于政治环境,政策环境不仅仅是指国家的方针、政策,它还包括细化到地方、组织的政策制度。对于产业发展而言,产生较大影响的政策环境主要有信贷政策、技术政策、人才引进政策等。

金融环境是一个多层次的、动态的复杂系统。金融机构对于绝大多数产业而言是重要的资金来源。从总体上来说,大部分产业所依赖的融资渠道基本上为银行信贷、资本市场融资和风险投资。

人才环境是产业发展的重要保障。人才不但是技术的载体,而且是技术开发、创新的主体。随着产业的转型升级和智能化的发展,各产业对人才的需求也大大提高,对人才的流动性和层次性也越来越重视。因此,建立多层次、多功能、高流动性的人力资源体系,是产业发展对人才环境的重要要求。

服务环境是指为产业发展所营造的各种支撑服务条件,主要包括高效的行政管理体系,公用基础设施(如供水、供电、供热、供气、环保、通信等设施),生活娱乐、教育、医疗卫生等设施,还有金融、保险、会计、法律等方面的事务中介机构。

第二节 产业高质量发展的系统目标

从产业高质量发展的定义来看,产业高质量发展的系统目标是使产业处于一种没有危险、不受威胁的一种状态。具体可以包括以下三个方面。

一、产业的高质量发展

产业的高质量发展满足了人们对于生产、生活日益增长的需求,实现了消费者价值、企业价值和社会价值的统一。随着工业化、城镇化进程加快,居民收入水平和生活质量提高,人们的消费需求越来越强烈,特别是对产品质量、售后服务等提出更高的要求和需求,由单一需求向多样化需求转变成为必然。面对消费者需求的多样化,产业发展必然要摆脱原有粗放型的模式和以经济利益为主的观念,向消费者需求型、效益型、集约型转变,以消费者需求为基础,科学利用资源,提高产品质量,实现资源科学开发、利用和有效循环。

二、低泡沫

低泡沫即在产业快速发展的同时,防止经济失衡。随着各产业快速发展,在利益驱使下,在部分产业市场中出现很多非理性行为,造成产业发展的失衡。大量投机行为促使投机者在产品的供给和需求上脱离了产品的本身,并不关注产品质量怎样、产品是否可以满足消费者的需求,而是更多关注短期差价的收益。在这种利益的驱使下,投机者的投机行为使得房价快速地上涨并脱离产品本身的价值,严重危害了产业的高质量发展和市场的有效运行。同时,由于资源稀缺性、需求刚性和政府调控,导致部分产业运行效率低下、生产成本提升,进而造成价格进一步上涨、泡沫进一步膨胀。

三、关联效应

产业的发展与国民经济的发展密不可分,各产业应在国民经济的发展背景下保持合理的发展结构;同时,很多产业之间关联性较高,这些产业的发展都紧密地联系在一起。这种影响和引导作用又可分为正、负方向。一方面,产业高质量发展可以促进国民经济和相关产业更好地运行,产业良性循环发展,消费者理性消费,投机行为消失,银行坏账风险小,国民经济高质量发展,此表现为正向的影响和引导。另一方面,严重的产业泡沫会危害国民经济和相关产业的有效运行,产生负影响和引导,在部分产业市场中充斥了大量的投机行为,价格暴涨,银行坏账风险大,造成国民经济和相关产业的发展面临诸多问题。

第三节 产业高质量发展的系统结构

产业高质量发展与其内部子系统之间存在密切关联,这种关联对产业高质量发展产生着深刻的持续的影响。产业高质量发展的子系统主要有社会经济子系统、环境资源子系统和金融信贷子系统,下图 3-1 为产业高质量发展的系统结构图,其集中反映了各子系统之间的内在联系,据此我们就能得出哪些要素能够推动产业高质量发展,而哪些要素将阻碍产业高质量发展。

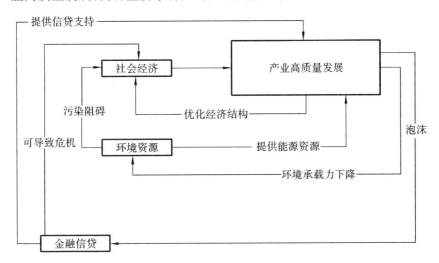

图 3-1 产业高质量发展的系统结构图

一、系统结构和功能

产业系统结构复杂,包含若干子系统和要素。各子系统、要素之间相互作用并影响,这些子系统和要素协调发展是产业高质量发展的关键。当子系统和要素的发展状态在不断改变时,整个系统的状态也就发生改变。各子系统、要素之间的相互关系决定了系统的结构,而各子系统、要素的功能以及相互作用决定了系统的功能。当产业高质量发展的各子系统、要素之间的相互关系和相互作用表现为整体特征时,系统处于一种有序状态;当产业高质量发展的各子系统、要素之间的相互关系和相互作用表现为个体特征时,系统处于一种无序状态。当子系统和要素较多的时候,多个子系统和要素相互作用并交织在一起,在产业高质量发展系统中的各子系统以及要素之间的因果关系变得十分复杂。

在现实中,产业高质量发展问题往往是多种因素共同作用产生的。产业高质量发展系统的目标由系统中的各个子系统、各个要素的功能来实现。产业高质量发展系统是一个由社会经济子系统、环境资源子系统、金融信贷子系统等组成的复杂系统,各个子系统和要素的功能之间相辅相成,形成相互促进和相互制约关系。产业高质量发展系统遵循和利用经济学、管理学等学科中的相关规律,应用系统工程的思想和方法,将社会经济、环境资源、金融信贷等功能作为一个有机整体,系统地整合统一,以保证产业处于一种没有危险、不受威胁的状态。因此,在整个系统运行中,产业高质量发展的目标是由这些子系统和要素的具体功能来实现的。

二、产业和社会经济子系统

产业的发展与社会经济的发展息息相关,产业的发展对于社会经济的发展影响甚大。一方面,部分产业对于社会经济结构的优化、对于相关产业发展的带动、对于产品附加值的提升等都具有积极的作用。另一方面,产业发展滞后将会给社会经济发展带来负面影响。此外,产业发展与社会经济发展是相互促进、相互推动的关系,但是如果社会经济发展水平偏低,就会在一定程度上拖累产业的发展。

同时,产业发展的阶段决定着社会经济发展的阶段,产业发展的周期决定着社会经济发展的周期。按照产业生命周期理论,任何产业都有生命周期,一般都会经历形成期、发展期、成熟期和衰退期四个阶段。技术革新可以延长产业的生命周期,但不能改变产业生命周期的演变规律。如果发生技术革命,使产品发生质的变革,则形成另一种产业。

三、产业和环境资源子系统

产业发展是将产业作为一个有机的整体,探讨在工业化为主的经济发展中,产业内部各企业之间相互作用关系的规律、产业本身的发展规律、产业与产业之间互动联系的规律以及产业在空间区域中的分布规律等。

产业发展是社会经济发展的深层动力。一方面,产业通过产业组织的变化、产业规模的扩大、技术的进步、效益的提高促进单个产业的进化。另一方面,产业通过产业类型、产业结构、产业关联、产业布局的优化升级实现产业总体的演进，从而推动整个区域经济的发展和成熟。

近年来，随着我国生态环境和自然资源成为经济发展重要的内生变量和刚性约束条件，工业化进程加速推进，以及产业对环境资源的客观需求与环境资源承载能力不足的严峻现实之间的矛盾，减少资源消耗和环境负荷、提高环境资源利用效率成为全社会关注的焦点。

四、产业和金融信贷子系统

产业与金融信贷相互之间有很强的依赖性。一方面，几乎所有产业都与金融业密切相关，部分产业的资金主要来源于金融机构，各家金融机构为了争夺优质的客户，会向市场投放大量的信贷资金。另一方面，各产业也给金融机构带来了很多利润，由于金融业大量的信贷资金进入各产业，当某个产业获得高额回报的同时，金融业会获得高额的回报，吸引更多的信贷资金进入该产业。

因此，不管是产业还是金融机构，其本质都是为了追求利益的最大化。产业开发企业与金融企业之间也存在矛盾。相对于产业开发企业，金融企业除了追求利益最大化，还要防范金融风险，而且产业开发企业与金融企业之间的相互依赖性越大，金融风险就越大。当产业出现泡沫时，这些泡沫就会对金融企业的金融安全产生巨大的影响。产业会利用信息不对称来获取更多的信贷资金，给金融机构审核带去一定的难度，因而容易产生金融风险。

五、子系统之间的关联作用

社会经济子系统与环境资源子系统之间存在着密切的关系，既相互制约又相互促进。一方面，如果人类着力于发展经济，而不重视保护环境，就会使环境质量恶化，环境质量的下降会对社会经济的发展产生制约作用。另一方面，随着环境的改善，环境资源得到保护，自然资源的再生能力不断增强，发展经济的物质基础就更加坚实，从而有利于促进经济的发展。因此，我们要正确处理环境保护与社会经济发展的关系，实行可持续发展的战略，走循环经济之路，这是人类在对各种环境问题进行反思后做出的一种清醒、聪明和理智的选择。

金融信贷系统与社会经济子系统的关系可表达为：二者紧密联系、相互融合、互相作用。具体来说，社会经济发展对金融发展起决定性作用，金融发展居于从属地位，不能凌驾于经济发展之上；金融发展在为社会经济发展服务的同时，对社会经济发展有巨大的推动作用，但也可能出现一些不良影响和副作用。社会经济发展对金融发展的决定性作用集中表现在两个方面：一是金融在商品经济发展过程中产生，并伴随着商品经济的发展而发展；二是商品经济在不同发展阶段对金融的需求不同，由此决定了金融发展的结构、阶段和层次。

在社会经济的发展中，金融发展可能出现的不良影响表现在三个方面：一是因金融总量失控出现信用膨胀，导致社会总供求失衡；二是因金融运作不善使风险加大，一旦风险失控将导致金融危机，引发经济危机；三是因信用过度膨胀而产生金融泡沫，膨胀虚拟资本、刺激过度投机、破坏经济发展。

第四节 产业高质量发展系统的演进机制

一、系统演进的环境和条件

耗散结构理论认为自组织现象的形成需要一定的环境和条件，其中，开放性和开放度、非平衡态势是自组织现象形成需要的外部环境，非线性和涨落是自组织现象形成需要的内部条件。任何一个系统要形成自组织现象，必须符合这些基础条件。产业系统既然是一个自组织系统，那么它也相应具备以下特性。

1. 系统保持开放性

普里戈金的耗散结构理论证明，只有开放系统才能形成自组织现象，开放性是自组织现象发生的必要条件之一。由于只有开放系统才与外界进行物质和能量的交换，才能不断引进负熵流来抵消系统熵增加，从而使系统进入相对有序的状态，所以，一个系统要形成，首先必须具有开放性。纵观产业的发展，可以看到产业系统是一个复杂的开放系统，系统内的各个元素一直在与外界进行物质和能量的交换。

2. 远离平衡态是产业系统有序之源

开放性及一定的开放度是产业系统形成自组织现象的必要条件，但绝非充要条件。普里戈金研究表明，在孤立系统中，系统自动演化过程总是使体系从某种有序状态向无序状态发展，最终必定达到最无序的平衡状态。因此，孤立系统必然导致平衡状态，而平衡是无序之源。正如哈肯所说：外界必须驱动开放系统越出近平衡态的线性区域，到达远离平衡态的非平衡的、非线性区域，自组织现象才发生。

3. 产业系统通过涨落达到有序

涨落也被称作起伏，它是对系统稳定的平均状态的偏离，也是系统的一种非平衡性因素。自组织理论认为通过涨落达到有序,是指非平衡性系统在一定条件下可以通过涨落被放大,通常的微涨落被放大成巨涨落,系统得以实现从无序到有序的转变,从低级有序向高级有序的进化。产业系统不断地与外界环境进行着物质、能量、信息的交换,各子系统之间的冲突、竞争、交流、合作使得它们之间的状态无法固定。因此,产业的状态起伏不定,表现出自组织系统所固有的涨落特性。不同产业之间,存在着明显的涨落差异。

4. 产业系统的非线性相互作用

前面强调了产业系统的开放性、远离平衡态、涨落对形成产业系统自组织的重要性。但是普里戈金指出,并不是满足了这几个条件就能形成耗散结构,系统形成耗散结构的另一个重要条件是系统内有复杂的非线性相互作用。系统由低级状态发展到高级状态,产生自组织的有序结构正是系统各部分之间非线性相互作用的结果。产业系统内部各个要素之间也存在着复杂的非线性相互作用。

二、系统演进方式

突变论是法国数学家勒内·托姆于 1968 年提出的,它是有关自组织演进的方式和途径的重要理论。突变论认为,在适当调节系统控制参量的情况下,如果质变经历的中间过渡状态是不稳定的,那么客观存在就是一个飞跃的过程,也就是发生了突变;如果中间过渡状态是稳定的,那么客观存在就是一个渐变的过程。涨落是系统演化的随机力,既可以破坏系统的稳定性,也可以使系统经过失稳获得新的稳定性。突变和渐变是产业发展和变革的有效手段,对突变和渐变的控制集中体现在对内、外涨落的处理上。产业的发展会受到政治、经济、文化、科技等方面因素的影响,这些因素均会成为涨落因素,造成系统对稳定态的偏离,并对产业发展造成有利或不利的影响。

三、系统演进形式

产业的形成和发展不仅有外部的种种因素的影响,而且其自身还采取了一定的循环演进的形式。超循环理论探索了生命起源过程的大分子自组织进化形式,这一理论同样适合解释产业系统自组织演进的形式。超循环理论创始人艾根认为生命信息的起源是一个采取超循环形式的分子自组织过程,在超循环中,每个子系统既能指导自己的复制,又能对下一个子系统的产生提供催化支持。艾根曾把超循环的概念推广来研究整个自然界和社会的演化,认为所有的开放系统的自组织都必须采取一定超循环的形式向前发展。产业系统的社会经济系统、环境资源系统、金融信贷系统、政策系统这四个子系统形成一个耦合体,建立起产业系统的超循环结构。这个耦合结构规定了产业系统的主体框架。产业系统的各子系统之间相互依存、相互制约,并可在功能上耦合起来,相互提供催化支持、竞争又协同,促使产业系统在运作上形成一种良性循环,促进产业系统的螺旋式上升发展。

第五节　产业高质量发展系统的保障机制

一、建立产业规划保障机制

产业规划是产业发展的指南。企业与企业、产业与产业之间不是互不相干的,而是一个密切相关的整体。有关研究指出,企业与企业、产业与产业之间的关系是联动关系。联动是指基于联结关系而发生的联合变动,即相互联系的主体之间,一个主体的变动会引起另一个主体的变动。所以,产业发展规划要有利于这种联动。当然,这里所说的"规划"并不是一个孤立的规划,而是一个规划体系。企业集群要努力从量的扩张向质的扩张转变,加大产业价值链中前端"头脑链"与后端"营销链"的延伸力度。做好这种延伸要从两方面入手,市场是一个方面,政府的规划又是一个重要的方面。

劳动密集型主导产业在整个工业化进程中持续时间最长。美国在1814—1980年约170年中,劳动密集型工业占主导地位的年数为110年;日本在1868—1986年约120年中,劳动密集型工业占主导地位的年数为80年;中国台湾在1950—1990年的40年中,劳动密集型工业占主导地位的年数为25年;韩国在1960—1990年的30年中,劳动密集型工业占主导地位的年数为20年。如果从20世纪80年代中后期开始计算我国的工业化进程,那么我们实现高质量发展的时间大概也需要10年,即使随着技术创新和管理进步,实现高质量发展的时间可能有所缩短,但这绝非一年半载就能成就之事,所以最少要进行10年规划。

因此,应该在系统科学的指导下设立促进产业高质量发展的领导小组,制定好产业高质量发展的战略、规划和政策,并通过统筹协调来解决在产业高质量发展中的重大问题。产业高端发展规划的内容,如产业结构、高质量发展计划、产业集聚计划、投入支持计划等,也要形成体系。但要注意,产业高端发展规划一定要符合实际。事实上,产业高质量发展也是要给予一定的时间,循序渐进地发展。

二、建立税收政策保障机制

产业高质量发展需要优惠、公平的税收政策支持。从某种意义上说,优惠、公平的税收政策也是促进产业高质量发展的重要手段。但目前不同地区、不同企业在环保、质量、财税等方面执行标准不统一,缺乏公平竞争的市场环境。

优惠的税收政策是扶持产业改造提升的又一有利举措,如美国采取的抵减应税收入政策就是不错的选择。可以有针对性地在鼓励投资、增加就业、激励研发、加强环保、开发能源和改造旧区等多个方面采取优惠的税收政策,来激发产业高质量发展的活力。其一,鼓励投资。可采取按一定比例抵减企业应税收入的优惠政策。其二,激励研发。如美国自1981年起,企业研发投入可抵减其联邦所得税应税收入。具体做法是,企业当年研发投入在前4年研发投入平均值基础上增加的一定比例可抵减其应税收入。其三,加强环保。对电动车、清洁燃料车及辅助设施的投入可以抵减税收。

三、建立资金支持保障机制

不少中小企业在向高质量发展的过程中,首先遇到的就是资金不足的问题。因此,政府应该通过资金扶持的方式,大力推进产业技术创新。比如,美国制定和实施促进产业技术创新和设备改造的财政、金融等方面的扶植政策,加大对产业研究开发的投入,用研发资金激励企业进行技术创新,改造现有的机器设备。同时,政府大量增加R&D支出,发展高新技术并运用高新技术全面改造产业,大力扶植新兴产业,提升产业的竞争力,这使美国的产业快速实现了高质量发展。

其一,政府可以引导多个部门通过合作、签订合同、直接拨款等方式向不同产业提供资助,同时建立以市场运作为主、政府公共财政投入为辅的多元化投入机制,引导企业利用资本运营、股权投资、金融信贷、吸引外资等多种渠道,为产业发展提供资金保障。

其二,政府可以进一步加强担保体系建设,更好地运用市场化手段配置、集聚信贷资源,以优质的产业高质量发展项目吸引各类资金投向产业,扩大优势企业、品牌产品的融资规模。

其三,要利用好资本市场,实施好"百企上市培育工程",力推企业在境内外资本市场上市融资或发行债券,推进产业与资本市场全面合作。

其四,政府可以采用加速折旧的方法,鼓励产业投资,加速生产设备的更新。

其五,政府可以建设公共服务平台,减少企业投入。如2015年泰州医药高新区建成并投入使用的16个公共服务平台,为高新区内的企业提供服务,产生了良好效果:既为企业研发提供了资源保障,也避免了重复投入与建设。

四、建立人才环境保障机制

产业高质量发展要解决的核心问题是人才问题。现在不少企业之所以产品低端化,原因主要是高水平技术人才缺乏,因而产业内企业技术创新能力不足。特别是有的企业由于高素质的技术人才和高层次的管理人才少,因而缺乏自主创新实力,拥有自主知识产权的技术较少,只好把低质、低价作为竞争的主要手段。有的企业为了解决人才不足的问题,相互"挖墙脚",用不正当的手段从别的企业掠取人才。事实上,产业人才问题主要靠产业自身去解决:一方面应采取科学方法招引人才,提高企业对高层次专业技术人员的吸引力;另一方面,应稳步推进人才培训,挖掘企业人才的潜力。但一个企业,尤其是小企业要解决好高层次人才问题比较困难,这就要政府帮助企业引才,促进企业人才集聚,打造良好环境。比如,为企业搭建产、学、研相结合的技术合作平台,促进企业与大专院校、科研院所开展产学研深度合作,或引导企业加强行业之间的合作交流,共建技术中心、产业研究所等研发创新机构。

五、建立法律法规保障机制

法律法规保障主要是指对创新成果与品牌的保护。推进产业高质量发展,要遵守相关法律法规,一方面要贯彻落实国家的法律法规,另一方面也要制定切实可行的地方性规范。比如,建立健全资源节约标准体系、行业技术标准体系、品牌认定体系等。这样,既能给产业高质量发展提供标准和方向,以及一个公平、安全的生产环境,同时还能提供良好的法律法规环境。

在推进产业高质量发展的过程中要突出两个保护:一是对技术创新的保护,包括对专利技术的保护。要重视对中小企业技术创新的政策引导和扶持,引导中小企业建立基础标准体系,进行产品创新和技术升级。要加强知识产权保护,严厉打击侵犯知识产权的行为,严惩制假、售假,维护市场经济秩序。二是对企业品牌的保护。品牌既是产业发展的无形资产,也是推进产业高质量发展的重要策略。为此,政府要积极为企业构建品牌发展的公共平台和良好环境。比如,可以扶持、引导行业协会(商会)发挥其在培育企业(产品)名牌,制定行业技术标准,跟踪发布国外新产品、新技术和名牌信息等方面的作用,还可通过国际之间的交流发挥品牌宣传的作用。

事实上,诚信是使企业品牌强大和保持竞争力的奥秘所在。市场经济的基本原则就是讲诚信。如果企业讲诚信,产品质量自然可靠,那么这家企业也就可以获得公信力。诚信也是品牌不可或缺的元素。有了诚信,品牌才立得住,品牌的知名度、美誉度才会越来越高。所以,产业的技术创新与品牌创造都必须重视诚信环境建设。作为企业,要树立诚信就是生产力、竞争力的观念,把企业信用放在企业实现生存、发展的首要位置。作为政府,应加强信用立法,建立企业信用信息库。对虚假宣传、质量不合格的产品,媒体应该加大监督、曝光的力度,工商质检部门要加强监督和管理。

第四章　金融支持陶瓷产业高质量发展的理论基础

第一节　产业和金融理论基础

一、产业生命周期理论

产业生命周期指的是从产业产生到衰亡的具有阶段性和共同规律性的厂商行为的改变过程,是现代产业发展理论的重要组成部分。哈佛大学教授 Vernon 基于生物学理论提出了产品生命周期理论。在此基础上,Gort(1982)、Klepper(1990)首次对产业生命周期理论概念进行了界定,并建立 G-K 产业生命周期模型①②。产业生命周期理论将产业的成长演化过程划分为四个基本阶段,分别为初创期、成长期、成熟期和衰退期。在初创期,产业处于刚刚起步的阶段,在这个阶段企业会将资金大量地投入企业产品的研发、产品的宣传、开发客户和占领市场等项目,企业可能会存在收效甚微甚至亏损的问题。经历了初创期的产品开发和市场开拓,在成长期,企业的产业规模迅速膨胀,企业逐步发展起来,在这个阶段企业的资本结构相对稳定。到了成熟期,企业的产业技术就已经相当成熟了,这时产业增长速度会达到一个稳定水平。在衰退期,由于受到新品和替代品的影响,对原产业产品的需求会逐渐变小,原产品产出量逐渐降低。

以产业生命周期理论为视角来研究陶瓷产业的演化发展,有助于科学地、准确地划分陶瓷产业各个发展阶段,预测陶瓷产业在不同发展阶段可能遇到的问题。

---

① Gort M,Klepper S. Time Paths in the Diffusion of Product Innovations[J]. Economic Journal,1982(367).
② Klepper S,Graddy E. The Evolution of New Industries and the Determinants of Market Structure[J]. The Bell Journal of Economics,1990(1).

二、产业结构理论

古典经济学家 William Petty(1672)在《政治算术》一书中对从事农业、工业和商业的收入进行比较,指出从事商业的收入最多,其次是工业,最后是农业,并指出国民收入与经济发展之间差异的产生主要是因为各个产业的结构不同[①]。该观点是产业结构理论的基础。Clark(1940)在《经济进步的条件》中提出了著名的"配第-克拉克定理",指出各国经济发展具体可以分三个阶段,在第一阶段中劳动力主要出现在农业中,在第二阶段中劳动力主要出现在制造业中,在第三阶段中劳动力主要出现在商业和服务业中[②]。在 20 世纪中叶,Kuznets(1971)提出了经济发展是导致产业结构和劳动力部门结构变化的主要原因[③]。

受宏观经济与新冠肺炎疫情等因素的影响,陶瓷产业规模增长的势头有所放缓,传统的陶瓷产业结构已不能满足陶瓷产业的发展需求,陶瓷产业结构的转型、升级迫在眉睫。有些学者认为陶瓷产业可以结合大数据向数字化转型,通过智能数字化技术,实现在生产、经营等领域的智能化改造,把各个场景中的独立的信息连接在一起,从而促进企业的生产、组织、产品和业务模式的创新,最终实现在数字化基础上的智能化。

陶瓷产业结构的演进是陶瓷产业高质量发展的重要组成部分,陶瓷产业结构的相关理论为研究金融在陶瓷产业高质量发展过程中的作用提供了适宜理论与研究方法。

三、产业融合理论

产业融合的理念最早出现在 17 世纪,起源于通信产业。Greenstein(1997)发现在计算机、通信和广播电视行业的产业交叉处有新的产业——多媒体产业产生,他将这种现象解释为"产业间边界的消失"[④]。产业融合是指因为受到技术、服务、市场、价值等因素的影响,处于分立或独立的两个或多个产业的边界逐渐收缩甚至消失,产业的服务和市场开始趋向融合的现象。周振华(2003)指出,产业融合源自产业分立,是为适应产业发展而使不同产业的边界逐渐模糊化甚至消失的

---

① 威廉·配第.政治算术[M].马妍,译.北京:中国社会科学出版社,2010.
② 科林·克拉克.经济进步的条件[M].张旭昆,夏晴,等,译.北京:中国人民大学出版社,2020.
③ Kuznets S S. Economic Growth of Nations [M]. Boston: Harvard University Press, 2013.
④ Greenstein S, Khanna T. What does Industry Convergence Mean[J]. Competing in the Age of Digital Covergence, 1997(5).

过程,不同的产业通过合作渐渐产生新的行业①。产业融合不仅可以通过推动创新促进经济增长,还可以帮助企业有效地降低成本和提高生产率。产业融合的形成需要经过三个基本阶段,分别为外部激发阶段、内部变化阶段和市场稳定阶段。产业融合包括技术融合、应用融合、知识融合等多个方面。商业模式创新有利于推动技术融合,技术创新与扩散则对产业融合具有重要的推动作用。

产业融合理论为陶瓷产业与其他产业融合提供了理论基础,陶瓷产业与其他产业的融合发展不仅有利于产生新的行业,也丰富了产业的内涵与外延。

四、Schumpeter 的金融促进理论

Schumpeter(1912)在《经济发展理论》一书中研究了金融与经济发展之间的关系,指出金融具有促进经济增长的作用。Schumpeter 的经典创新理论指出,经济发展的本质是实现创新,而创新的本质是生产要素的重新组合②。正是在这个过程中,金融提供了生产要素重新组合所需要的购买力。金融促进理论的核心观点可以归纳为:第一,金融机构具有信用创造能力,为企业家供给资金,发掘企业家的创新能力,实现生产要素与生产条件的改变,突破经济发展的常规循环。第二,信贷支持在一定程度上引发了经济运行模式的深远变化。例如,金融机构识别并支持具有创新能力的企业家,促进技术创新,而企业家的信贷抵押担保又促进金融机构的信用提升。同时,金融机构受到法律监管约束,也反向促进了金融机构及其业务水平与保障能力的提升。该观点提出后,许多学者对其进行了理论拓展。Levine(1996)认为,金融发展与技术创新存在相互依存关系,金融发展能够激发技术创新,技术创新能推动金融发展进步③。其中,促进技术创新的主要路径包括资源配置效应和信贷优化效应。此外,金融市场的发展有利于提升研发效率和研发投入的有效性,进而加速技术创新的传播与扩散。Nanda 等(2016)认为,越是在发达、成熟和完善的金融市场中,金融体系对技术创新的刺激作用越是显著④。

金融促进理论及其拓展,阐明了金融促进经济与产业发展的基本理念,为探索金融支持陶瓷产业的高质量发展提供了基本思路和方向性引导。事实上,陶瓷

---

① 周振华.产业融合:产业发展及经济增长的新动力[J].中国工业经济,2003(4).
② Joseph A S. Theory of Economic Development[M]. Boston:Harvard University Press,1934.
③ Levine R. Financial Development and Economic Growth:Views and Agenda[J]. Journal of Economic Literature,1996(2).
④ Nanda R,Rhodes-Kropf M. Financing Entrepreneurial Experimentation[J]. Innovation Policy and the Economy,2016(1).

产业是传统型产业,所以无论是具有转型升级需求的传统陶瓷用品行业,还是处于商业模式开发期的陶瓷文化创意产业,创新与技术进步本身就是推动其发展所不可或缺的要素。更为重要的是,在陶瓷产业迈向高质量发展的进程中,产业发展动力正在由要素驱动、需求驱动的传统路径转向创新驱动,创新将成为陶瓷产业高质量发展的根本动力。从金融促进理论的视角出发进行探索,有助于挖掘金融支持陶瓷产业高质量发展的深层机理。

五、金融结构理论

耶鲁大学教授戈德史密斯(Goldsmith)是最早提出金融结构理论的学者,其在《金融结构与金融发展》一书中指出:金融现象包括金融工具、金融机构和金融组织;金融结构是一个国家现有金融工具与金融组织的总和,金融现象的本质是金融结构的变迁,对金融发展的研究就是对其演变的过程与趋势进行研究[1]。

经济学家们在戈德史密斯的理论研究基础上,对金融结构进行了更深层次的研究,把金融结构主要分为四类。第一类是银行主导论,认为与股票市场存在的投机猖狂、资本市场泡沫、风险大的缺点相比,银行主导的金融市场更加稳定,风险更小[2]。第二类是市场主导论。该理论主要强调市场主导的信息与流动性优势,认为其在促进企业技术创新、提高公司治理效率等方面更具有优势[3][4]。我国市场主导型的金融机构能向投资者传递更有效的信息,将资金转向更有优势的企业,促进资源的有效配置。第三类是金融结构无关论。该理论认为没有证据证明哪类金融体系存在着绝对优势,投资者应依靠收益率选择金融工具[5]。第四类是最优金融结构理论,该理论的核心内容是应结合实体经济的现实发展来讨论金融结构。一国经济在特定发展阶段的要素禀赋结构决定了其技术产业结构的性质以及企业风险的体征,从而形成特定金融服务需求,进而决定金融结构[6]。许多学者也持有类似的观点,认为金融结构是动态变化的,不同金融结构之间并非是互

---

[1] 雷蒙德·W.戈德史密斯.金融结构与金融发展[M].周朔,等,译.上海:上海人民出版社,1996.
[2] Kemme D M. Financial Structure and Economic Growth: A Cross-Country Comparision of Banks, Markets and Development[J]. Comparative Economic Studies,2005(4).
[3] Cihak M,Demirguc-Kunt A. Financial Structure and Incentives[J]. National Institute Economic Review,2012(1).
[4] Davis E P. The Evolution of Financial Structure in G-7 Over 1997-2010[J]. National Institute Economic Review,2012(1).
[5] Levine R. Bank-Based or Market-Based Financial Systems:Which is Better? [J]. Journal of Financial Intermediation,2002(4).
[6] 林毅夫,孙希芳,姜烨.经济发展中的最优金融结构理论初探[J].经济研究,2009(8).

相排斥的。

丰富多元的金融结构理论虽尚未形成共识,但其理论的框架体系、论证思路都为研究陶瓷产业高质量发展的金融支持问题提供了有益的借鉴。其一,陶瓷产业高质量发展存在显著的结构特征和阶段特征,鉴于不同金融工具的差异化特性,探索真正符合陶瓷产业发展需要的最优金融结构具有重要意义。其二,金融结构的分类思想也为研究陶瓷产业高质量发展的金融支持效率和系统运行提供了基本框架,为实证研究的行进指明了路径。

六、金融深化理论与金融抑制理论

20世纪70年代,美国著名经济学家Mckinnon(1973)与Shaw(1973)以发展中国家的金融与经济发展问题为研究对象,提出了金融深化理论和金融抑制理论。其中心思想是:在大多数发展中国家,由于政府对市场利率和汇率的管制,限制了国家的内部储蓄,阻碍了市场的资源配置功能的发挥,从而导致了长期的金融抑制。相反,如果要发挥金融对经济增长的推动作用,政府必须放松对金融体系的管制,充分利用市场机制来配置资源,这样才能促成金融与经济发展的良性循环,实现金融深化[1][2]。金融深化理论为发展中国家的金融改革提供了理论基础。

七、金融约束理论

20世纪70年代至80年代,发展中国家金融自由化的结果一度令人失望,引起了经济学家的思考和讨论,Stiglitz(1997)在金融深化理论的基础上提出了金融约束理论。该理论认为对于经济发展水平落后的发展中国家而言,政府应对金融市场采取间接控制机制。Hellmann(1997)认为金融约束是指政府通过实施一系列的财政政策,为民间部门创造融资机会,从而达到防范金融抑制的效果,同时可以促进银行积极地规避风险[3][4]。金融约束理论从多个角度证明了对于发展中国家而言,金融约束是合理的金融政策。

---

[1] Mckinnon R I. Money and Capital in Economic Development[M]. Washington,D C:Brookings Institution Press,2010.
[2] Shaw E S. Financial Deeping in Economic Development[M]. Oxford:Oxford University Press,1973.
[3] Hellmann T,Murdock K,Stiglitz J E. Financial Restraint:Towards a New Paradigm[M]. Oxford:Oxford University Press,1997.
[4] Hellmann T, Murdock K, Stiglitz J E. Liberalization, Moral Hazard in Banking, and Pradential Regulation:Are Capital Requirments Enough? [J]. American Economic Review,2000(1).

八、金融内生理论

20世纪90年代金融学家们在前人的研究基础上提出了金融内生理论,该理论进一步将金融与经济发展之间的关系问题具体化和规范化,将现实因素引入模型,试图挖掘更深层次的问题。这一理论可划分为传统的金融内生发展理论和现代的金融内生发展理论。传统金融内生发展理论认为,金融中介和金融市场是内生形成的。资金流动中的不确定因素和信息不对称,导致了金融交易费用的增加,从而影响了经济的正常运转。为了降低交易成本,经济发展到一定阶段就会内生地要求形成和发展金融体系[1]。通过规模经济、降低不确定性、降低非对称信息等手段,可以降低交易费用。现代内生金融发展理论认为,制度因素是影响交易成本、风险管理水平和信息不对称的重要因素。

由金融深化理论、金融抑制理论、金融约束理论和金融内生理论组成的金融发展理论体系一方面探讨了政府调控对于金融发展促进经济增长的影响,另一方面则涉及金融支持经济增长的内生性机理。陶瓷产业作为传统产业,政府管理一直扮演着不可或缺的角色,在实现金融支持陶瓷产业高质量发展的过程中,政府的政策选择及宏观调控十分重要。虽然相较于以一国经济为研究对象的金融发展理论,陶瓷产业发展的金融支持属于微观范畴。但是通过理论内涵的映射,可以为分析相关问题提供可借鉴的理论框架与分析思路。

第二节 产业发展与金融支持

一、金融支持的内涵

(一)金融支持的概念

金融是实体经济发展的基础资源,在促进优势产业发展中发挥着重要作用。通过对国内外相关文献的阅读分析可知,目前关于金融支持的概念还没有一个规范的定义。金融支持概念可以简单地界定为金融体系或金融系统通过银行机构、

---

[1] Greenwood J, Smith B D. Financial Markets in Development, and the Development of Financial Markets [J]. Journal of Economic Dynamics and Control, 1997(1).

资本市场、政府政策等渠道优化金融资源配置,以解决生产部门或产业发展的资金融通问题。

何继业(2016)认为金融支持是一种为促进一国产业发展与经济社会发展而实施的相关金融政策,并提出金融支持应包括市场性金融支持和政策性金融支持,其中,市场性金融支持是基础性支持机制,而政策性金融支持起到引导和补充的作用①。王竞(2019)将研究范围进一步扩大,将金融支持界定为企业在发展过程中获得的融资支持②。黄永明(2006)提出金融支持就是指在社会经济体系中通过资金供给来满足企业的发展需求③。武安华(2008)认为区域经济的发展需要金融资本配置存量与增量并举,金融通过其资源配置效力体现出对地区经济的支持④。杨荣海(2013)指出金融支持即金融机构运用货币交易手段进行有价物品的融通,向金融活动中的参与者提供投融资便利的活动⑤。刘晓华(2015)提到金融支持的内涵应包括金融总量、金融制度、金融结构、金融政策等方面⑥。

(二)金融支持的相关理论

1776年,英国经济学家亚当·斯密在《国富论》一书中提到,一只"看不见的手"在无形之中调节着市场的供需关系,引导资源配置,即市场机制在经济运行中发挥的调节作用⑦。但完全任由市场经济自发运行,会引起一系列利益冲突。因此,另一位英国经济学家凯恩斯在《就业、利息和货币通论》中提出"看得见的手"的概念,即国家在经济市场中的宏观调控作用⑧。根据"有形的手"和"无形的手",可以将金融支持划分为政策性金融支持和市场性金融支持;再根据融资途径的不同,还可将金融支持划分为直接金融支持和间接金融支持,从而使产业处于交互式金融支持下。

不同金融支持方式在交互作用下可分为四个不同维度:第一个维度为市场性直接金融支持,企业自行通过发行股票、债券,获取风险投资等获得直接金融支持;第二个维度为市场性间接金融支持,商业信贷、银行信贷以及风险资本在利益

---

① 何继业.我国战略性新兴产业金融支持体系构建论略[J].山东社会科学,2016(11).
② 王竞,胡立君.金融支持对战略性新兴产业发展的影响研究——来自湖北省上市公司的证据[J].湖北社会科学,2019(1).
③ 黄永明.金融支持与中小企业发展[M].武汉:华中科技大学出版社,2006.
④ 武安华,袁涛.CAFTA进程中我国周边省区金融支撑体系的构建[J].国际经贸探索,2008(5).
⑤ 杨荣海,李亚波.中国旅游产业发展的金融支持区域差异分析——基于东部、中部和西部面板数据的检验[J].经济与管理,2013(7).
⑥ 刘晓华,刘维政.旅游服务贸易竞争力提升的金融支持机制分析[J].统计与决策,2015(12).
⑦ 亚当·斯密.国富论[M].谢宗林,李华夏,译.北京:中央编译出版社,2010.
⑧ 约翰·梅纳德·凯恩斯.就业、利息和货币通论[M].李欣全,译.北京:中国社会科学出版社,2009.

驱动下自发对企业进行金融支持;第三维度为政策性间接金融支持,国家通过制定相应政策,引导金融机构体系增加对特定产业的支持行为,如针对小微企业的信用贷款支持计划和贷款延期还本付息政策;第四个维度为政策性直接金融支持,政府既可以在企业寻求直接金融支持时,引导创投基金对其进行投资,也可以加大资本市场对特定产业的开放程度,如通过设立科创板加大对科创型企业的金融支持力度。

二、金融支持产业发展的路径分析

金融部门通过直接融资和间接融资来实现对生产部门的服务,即通过银行市场渠道和资本市场渠道两种途径实现,但从二者对产业结构调整升级的作用路径来看,二者有区别,具体分析如下。

(一)银行市场渠道

在信贷市场上,银行贷款为改善产业结构提供了大量金融支持。银行可以通过贷款业务将社会自由资金集中到各个行业。贷款业务分为消费性贷款和生产性贷款,消费性贷款是从需求的角度对产业升级产生影响,生产性贷款是从供求的角度对产业升级产生影响。以前的生产领先于消费,由于企业的产品是先生产出来的,消费者得等产品生产出来才能消费。消费性贷款可以帮助消费者实现跨期消费,通过对消费信贷的项目设定担保、利率等条件来改变消费者的消费习惯,从而刺激消费者的消费需求,满足大众的消费需求。这样的消费方式有助于推动产业结构优化升级的产业快速发展。生产性贷款具体是指个人或企业通过银行进行资金借贷。企业将借贷的资金用于企业的生产和新技术的开发,当借贷的资金与企业资金需求相适应时,就能对企业的产业结构升级产生积极的影响。但是,我国的利率并没有完全实现市场化,在一定程度上还存在着利率管制问题,使得信贷资源的配置功能不能得到最大程度的发挥。对于部分中小企业而言,由于其初期融资需求巨大,存在着较高的贷款风险,银行难以给予充分的资金借贷,不利于这些中小企业的产业结构优化升级。

(二)资本市场渠道

随着资本市场的发展,资本市场渠道对资源配置的作用也越来越明显。对于一些新兴产业和创新型企业,它们的投资回收期较长、贷款的风险较高,而且前期需要大量的资金投入,这就使它们很难从传统的信用市场中得到融资;而在资本市场,这些投资回报长且需要大量资金的公司可以在资本市场上进行融资,即通过一些专门为中小型创新型企业提供融资渠道的板块来获得资金,这有利于企业的产业结构升级。资本市场的一级市场和二级市场在资本定价、产权界定、退出等方面具有独特的作用,是企业通过股票融资、筹资的一种有效途径。资本也会逐步流向那些具有较高经济效益的行业,从而推动公司的规模的扩大和利润水平不断提升。在资本市场上投资者对价格信号是非常敏感的,他们可以有效地甄别资本市场发出的信号,在理性投资者的风险偏好选择下,对资金进行合理的投资组合。不同于资本市场,银行筹集的资金是由储户们存入银行的存款聚集起来的,银行再将这些钱借贷给企业,最后银行需要按约定利率对储户还本付息。本质上,银行承担着储户的债务,而企业又承担着银行的债务。相比较而言,银行更加注重稳定性和安全性。所以,那些高风险的新兴产业并不是银行的理想客户。但在资本市场上就不一样了,对于所有权和经营权分离的企业,拥有股权就代表着拥有所有者权益,投资者会将注意力集中在企业的价值最大化上,企业在资本市场融资上相对更具优势。建立健全的退出机制和信息披露制度,可以促进企业更好地运营与管理。无论是被兼并还是被重组,都对夕阳产业资产进行了重组,促进了资金流向具有良好发展前景、高经营效益、健全的经营体系的行业,对推进产业结构转型、升级具有重要作用。

三、金融发展影响产业结构的传导机制分析

资金作为经济活动的"血液",不仅在各种金融机制中起到了重要的作用,也引导着各个宏观经济部门的发展。具体来讲,金融发展主要通过以下几种机制作用于产业结构升级的过程。

（一）资本积累机制

资本的积累主要包括货币资本的形成和货币资本转变为实物资本这两个过程。

第一个过程是货币资本形成的过程,是指因为金融机构具有降低信息成本和交易成本的优势,同时它拥有便捷的交易平台和完备的风险管理机制,所以更多的人愿意选择相信金融机构并将资金交给金融机构,金融机构能够把分散的资金集中在一起,从而达到一定的规模。

第二个过程是货币资本向实物资本转化的过程,即把货币资本转化为有形的物质资本(如材料、机器设备和劳动力)的过程。从货币资本向实物资本的转化,必须通过增加货币资本、加速货币资本的积累速度、建立健全有效的金融系统、提高储蓄资本向工商业资本转换的效率,为进一步扩大产业规模提供资金

支持和保障。

(二)信用催化机制

信用催化机制是指利用货币的创造功能,通过货币的乘数效应扩大货币的供应量,让资本快速聚集起来,形成产业资本。此时,资金不再只是投向一些成熟的企业,而是会进行多种投资选择,渐渐投向一些新兴企业。因为产业结构在升级的同时,需要在产业部门的融资方式上进行创新,从而使金融产品和金融工具更加个性化、多元化,以此来满足产业发展的各种资金需求,推动产业结构向合理化、高级化方向发展。

(三)资本导向机制

资本导向机制是指在一众有投资竞争关系的产业中,金融资源投向风险配比收益最高的产业或部门,其本质是金融资源在商业性金融下的市场竞争机制。资本导向机制的作用是促进资本在不同地区、产业部门之间的合理、有效地配置,决定资本的投入和使用范围、规模,从而影响产业结构的调整。在市场竞争机制的规则下,商业性金融机构为了追求利润,对具有不同发展潜力的产业进行识别,资本将逐步从低附加值、低发展潜力的夕阳产业转移到具有良好发展前景的朝阳产业,这些战略性新兴产业和高新技术产业就会得到资本支持,从而促进产业的优胜劣汰。此外,金融机构对经营的安全性和流动性的重视程度较高。而对商业性金融机构来说,也存在着资金配置不足的问题。面对市场失灵时,需要通过政府的信贷政策、差别利率和资本市场准入条件、优惠补贴策略来弥补商业性金融机构的不足,使资金重新在国家鼓励或者限制的行业之间进行分配,以此矫正市场失灵;需要以政策导向的方式,引导资本市场和信贷市场的资本流动方向,促进产业结构升级。由此可见,只有实现商业银行和政策性金融机构的协同,才能优化资本的配置,促进产业结构的升级和调整。

(四)信息揭示机制

信息揭示机制的产生主要是因为金融中介机构在收集信息时所付出的成本更低,有很强的成本优势,可以在资金盈余者和需求者之间架起一座桥梁以完成对资源的优化配置。对于资金盈余者来说,他们所知道的专业性知识较少,对项目风险的预判也不准确,难以甄别出有投资价值的项目。金融中介机构则有专业的团队,通过对数据和信息进行分析处理,能够有效地识别出发展前景好的朝阳产业,促进产业结构的转型升级。

(五)风险管理机制

风险管理机制是指对各经济、社会单位在生产和运营中所遇到的风险进行识别和评估,对各类风险管理技术进行优化组合,对风险进行有效的控制和管理,从而以最小的成本最大限度地保证产业的安全。尽管新兴产业市场潜力巨大,但是在市场、政策和资金等方面存在着诸多不确定因素。金融体系的风险管理功能对产业结构的优化起到积极的推动作用。比如,在信息不对称的情况下,可以采取风险管理的方法来改进公司的经营制度。在一些高新科技产业中,技术创新具有很高的风险,当无法满足其长远的资金需求时,可以通过上市、股票回购、破产清算等方式来实现有效的退出,推动高新技术产业的科技成果的产业化、市场化,从而促进高新技术产业向高级化发展。此外,金融市场中的保险产品,如养老保险、医疗保险、生育保险等,也是金融机构发挥其在风险防范与管理机制方面的作用的表现之一,这为产业发展提供了一个稳定的环境。例如,养老保险解决了企业职工在企业退休后的养老问题,为职工的老年阶段提供了保障,激发了职工的工作积极性。

(六)技术创新传导机制

在现代市场经济中,技术创新需要依靠良好的金融支持。产业在各个阶段的发展都需要有符合当前发展阶段的资本投入对技术创新活动进行支持。金融机构可以把快速汇集的资本投入企业的技术创新活动中,支持企业进行技术创新,然后将技术创新的成果投入生产中,进行规模化生产,提高企业的效益,充分体现金融体系的发展和自身功能对产业技术创新的重要影响。多层次的、完善的金融体系可以有效动员储蓄和集中储蓄,然后把储蓄转化为投资,满足不同发展时期、不同规模的产业的主体在进行技术创新活动时的资金需求。

(七)消费刺激传导机制

金融发展会对居民的消费方式和消费结构产生重大影响。因为金融机构的金融交易成本更低,能够吸收更多的个体储蓄者并对这些资金进行更有效的配置,从而带动国民经济增长,而经济增长随之带来的是居民收入水平的提高,居民的消费能力也会随着收入水平的提高而提高。当居民的消费水平提高时,人们会将收入更多地用于娱乐、交通等享受型消费中,从而促进消费结构发生变化。当人们对某个产业的需求日益增长时,能够推动该产品产业结构不断优化升级。市场主体在不断满足社会大众需求的基础上,会根据消费者的消费偏好,持续创新产品和服务的供给形式,通过消费和生产的循环动力,产业结构能够得到进一步的优化升级,进而推动产业的高质量发展。

四、金融支持产业发展的作用

(一)金融推动产业结构高级化

金融能推动产业结构向高级化发展。资金投资方向的改变,促进了不同行业的资本投入比例的改变。在市场经济环境下,可以利用商业金融的调控,引导资本流向高收益的行业,而在市场无法有效运作的领域,则可以利用一般性的货币政策手段调整货币的供应量,为产业结构调整提供一个使旧的产业结构松动、淘汰、重组与发展的宏观环境,改变资金供给水平和配置结构,推动产业结构向高级化发展。

(二)金融推动产业转型升级

产业的转型升级是实现产业高质量发展的重点,是优化产业结构和推动经济可持续发展的关键支撑。高效的金融体系在产业的转型升级中发挥着重要作用。金融可以通过资源配置、资本供给、风险分散等市场机制推动资金在不同的产业间流动,从而实现资金在产业间的优化配置。对于企业,银行金融可以通过信贷资金作用于企业技术创新,支持其进行技术创新,从而实现产业转型升级。

(三)金融助力产业融合

在竞争日益激烈的市场上,单一的产业结构会使企业的竞争力逐步丧失,企业要想在竞争中获得长久的竞争优势,就必须通过竞争来创造新的合作,在合作中产生创新来实现某种程度的融合。通过产业整合发展,可以打破产业之间的条块分割,增强产业之间的竞争与协作,降低产业之间的进入壁垒,降低交易费用,提升企业的生产力和竞争力,从而形成持续的竞争优势。金融是经济发展的关键资源要素,是产业融合的强力支撑。在产业融合发展的各个阶段都需要充足的资金支持,金融支持可以给企业提供其所需的资金,为产业融合提供资金保障。

(四)金融支持推动产业集群发展

产业集群是具有相似产品的企业在一定区域内集聚的结果。持续不断推进产业集群的发展,可以促进其规模的扩大,减少生产成本,并使其资源配置达到最优。产业集群使企业的生产积极性提高,从而形成竞争优势。金融支持是促进产业集群发展的重要力量。现代金融系统可以通过多种金融手段把分散的社会资金变成投资资本,以支撑产业的发展,从而解决产业集群在发展的各个阶段中资本形成不足的问题,减少产业内部和外部融资成本的差距,缓解产业发展的融资约束。金融支持的发展可以发挥降低交易和流动成本,优化资本配置期限,促进形成正确投资决策等作用,进而提升产业集群的资本配置效率。

第三节 金融支持陶瓷产业高质量发展的理论分析

一、陶瓷产业高质量发展的研究

随着经济的不断发展,陶瓷产业也面临着前所未有的变革和挑战。传统的陶瓷产业已不再具有竞争优势,需要通过技术创新实现产业的高质量发展。

在陶瓷产业高质量发展的过程中,人工智能技术与陶瓷产业融合是一个重要的发展方向,现今人工智能技术已运用到陶瓷产业的生产、销售等环节中。在生产环节中可以利用数据挖掘、判别分析等人工智能技术,以更低的成本实现对陶瓷原料的精准分类。在工业窑炉工况监控、故障诊断等产品质量控制方面,可以通过智能控制、计算机视觉等人工智能技术来实现对窑炉温度的精确控制和产品质量的监测,以保证产品质量。在销售环节中可以通过数据挖掘技术对消费者的消费偏好进行分析,从而有针对性地调整企业的产品结构和营销策略。总体来说,人工智能技术与陶瓷产业的融合促进了陶瓷产业的升级发展。

陶瓷产业在生产过程中容易对环境造成破坏,为响应国家"绿水青山就是金山银山"的号召,陶瓷产业顺势推行陶瓷产业链生态化发展模式,通过回收陶瓷废料,将回收后的陶瓷材料用于其他行业,从而达到节省生产成本的目的,二者形成了一个互补的产业生态体系。陶瓷产业的生态化发展促进了陶瓷产业的转型升级,实现了产业的可持续发展。

二、金融支持陶瓷产业高质量发展的研究现状

2019年5月,习近平总书记在视察江西时作出了"要建好景德镇国家陶瓷文化传承创新试验区,打造对外文化交流新平台"的重要批示。2019年7月,国务院正式批复了《景德镇国家陶瓷文化传承创新试验区实施方案》。为了全面了解金融支持景德镇国家陶瓷文化传承创新试验区的基本情况,中国人民银行景德镇市

中心支行课题组对辖内11家银行业金融机构和3家地方融资平台开展了专题调研。调查结果发现，景德镇市商业银行承销地方融资平台信用债券，成为目前金融支持景德镇国家陶瓷文化传承创新试验区重点项目建设的一大特点。同时，在金融支持景德镇国家陶瓷文化传承创新试验区重点项目建设的过程中，金融监管政策刚性约束和银行信贷供给不均衡制约了金融支持的效果，需要通过调整优化金融资源配置，不断加大信贷支持力度，综合运用货币政策工具，拓宽陶瓷企业融资渠道等方式来解决遇到的问题。

为了解金融支持高邑县陶瓷产业发展的情况，中国人民银行高邑县支行通过调查当地建筑陶瓷行业的7家企业，发现在金融支持的作用下企业实现了跳跃式发展，推动了产业进步，促进了地方的产业升级，但银行贷款的高门槛导致一些小型企业难以获得资金支持，需要通过银行调整贷款政策的手段来满足小型企业对资金的需求。甘肃省白银市平川区的陶瓷产业发展迅速，中国人民银行白银市中心支行为了解金融支持对当地陶瓷产业发展的影响进行了调查，发现该地区丰富的金融资源为陶瓷产业的发展提供了金融基础，但平川地区的企业多为民营中小企业。民营中小企业的主要问题是融资较为困难，因为它们的产量和产值都很小，缺乏有效的抵押资产和合适的担保条件，需要通过深化金融体制改革，建立结构合理的间接融资体系来充分发挥金融在经济发展中融通资金、引导资金流向、调整社会总需求的作用，增强资金使用效益的核心功能。

三、金融支持陶瓷产业高质量发展的意义

金融和陶瓷产业的发展相辅相成、相互作用。从金融的角度研究我国陶瓷产业的高质量发展，不仅有利于拓宽我国陶瓷产业高质量发展的研究角度，同时也丰富了我国陶瓷产业高质量发展研究的理论体系。从陶瓷产业高质量发展的角度来研究金融，有助于丰富我国的金融理论和推动金融实践研究的进展。

金融支持陶瓷产业的高质量发展有助于提高产瓷区的总产量，促进陶瓷总产值的增加，从而推动陶瓷产业的经济增长。因为在目前阶段，我国的陶瓷产业仍属于劳动密集型产业，所以，在陶瓷制品的各个生产、加工过程中都需要大量的劳动力。因此，推动陶瓷产业的高质量发展，可以带动相关行业的岗位数量，扩大就业容量，解决当前一部分就业难题。同时从金融的角度研究陶瓷产业高质量发展，研究适合我国国情的产业政策和金融政策，为中央政府、地方政府促进陶瓷产业升级、经济增长、金融创新发展等提供了可参考的依据，具有深远的现实意义。

四、陶瓷产业高质量发展与金融支持的关系认识

(一)金融在陶瓷产业高质量发展过程中具有重要地位

金融作为产业发展的"血液",对陶瓷产业的高质量发展有着至关重要的作用。陶瓷产业的发展和升级离不开金融的支持与协同。目前,我国陶瓷产业还属于劳动密集型产业,在陶瓷产业发展中存在着低加工度、低附加值、高耗能、高污染等一系列的问题,要解决这些问题必须要引进新技术,进行技术创新,提高陶瓷产品的附加值,实现陶瓷产业的升级,从而促进陶瓷产业的长远发展。但是,在科技创新中科学技术是稀缺资源,需要投入大量的人力、财力、时间,同时也需要精密的仪器设备、良好的实验环境和优秀的人才,这就决定了科技创新的高成本,单凭企业的资金是远远不够的。同时,科技创新是一个高风险活动,当创新产品不被市场所认可时,企业很可能因为资金问题而面临破产。有了金融的支持,不仅可以解决陶瓷产业在升级过程中所面临的资金短缺的问题,弥补其进行科技创新的成本,还可以分担其在研发过程前后的风险,促进陶瓷产业的升级。

(二)陶瓷产业高质量发展受金融的影响

陶瓷产业的高质量发展面临明显的资本要素"瓶颈",疲弱的社会资本和有限的财政资金难以满足陶瓷产业的高质量发展需求。金融对陶瓷产业高质量发展具有重要影响。我国大多数陶瓷中小企业存在发展基础薄弱、财务管理制度不健全、经营机制落后、盲目无序竞争、低水平重复建设、缺乏人才、缺乏技术创新能力等缺陷,这些缺陷使得陶瓷中小企业很难向金融机构顺利贷款,存在着融资难、担保难的问题。同时,陶瓷中小企业经济规模小,不具备上市的条件,无法通过发行债券的方式向社会公众融资,而是主要通过自筹或民间借贷的方式来筹集资金,融资渠道窄、融资成本高,严重影响了陶瓷中小企业的发展。因此,需要拓宽直接融资渠道,建立陶瓷企业信用担保体系,鼓励各类担保机构为企业提供信用担保,并鼓励企业依法进行多种形式的互助性融资担保。

五、陶瓷产业高质量发展的金融支持手段

(一)银行支持

在当前以银行为主导的间接融资体系中,银行在推动陶瓷产业高质量发展中

发挥着至关重要的作用。银行为推动陶瓷产业的高质量发展推出了一系列金融产品,例如:北京银行推出了"创业贷""普惠贷""文创信保贷"等面向初创期陶瓷文创企业的标准化普惠制金融产品;推出的"智权贷"金融产品面向处于成长期的陶瓷文创企业;针对成熟期陶瓷文创企业,则推出并购贷款、现金管理、集合票据等特色融资产品。中国工商银行广东省分行为陶瓷文创企业提供普惠金融服务,在二级支行设立普惠金融事业部或小型金融业务中心,配备专门的金融人员,为普惠小额贷款提供"一站式"服务,简化审批流程,缩短审批时限,实现5个工作日放款,更好地解决了陶瓷中小企业的"短频急"用款问题。中国建设银行深圳市分行成立了"文化创意特色银行",专为陶瓷文创企业提供专业化服务,由专业团队提供专属额度,开通专属绿色融资通道,实行定制化专享优惠,为处于不同成长期的陶瓷文创企业量身定制具有专属特色的金融产品。为解决陶瓷小微企业缺乏抵质押物的难题,景德镇农村商业银行创新推出"科贷通""电商贷""流水贷"等信贷产品;为解决青年创客急需创业资金但缺乏有效担保的难题,景德镇农村商业银行创新推出"创客贷""景漂贷"等信贷产品,建立并完善了全方位立体化的陶瓷金融产品矩阵,在金融支持试验区建设方面拓宽广度、增加深度、加大力度。中国银行江西省分行在景德镇成立了文化金融分支机构——陶瓷文化支行,并创新推出了"文化孵化贷""文创知识贷""文化周转贷"等专属信贷产品。2021年上半年,中国银行江西省分行已为景德镇陶瓷行业提供了近10亿元的贷款。为支持景德镇国家陶瓷文化传承创新试验区的建设,解决景德镇陶瓷企业融资难、慢、贵的难题,江西银行专门为陶瓷行业的小微企业主和个体工商户设计了一款名为"江小陶"的陶瓷专用普惠产品。

(二)政策支持

《景德镇国际陶瓷文化创意产业基地发展规划》提出,以政府财政专项资金支持重大建设项目,针对经营性项目,采取政府引导、企业筹资、市场化运作方式解决;对于重大创新项目,采取承担单位自筹、财政支持、银行贷款、社会募集、招商预收等方式组合解决;对于新技术、新产品、新材料、新工艺等创新项目,按税前费用列支,并申请贴息、创业辅导、风险补偿等。《景德镇陶瓷文化创意产业发展意见》提出,成立"陶瓷文化创意产业领导小组",组建"景德镇陶瓷文化创意产业发展专家咨询委员会",加大对陶瓷文化创意项目在土地、工商、科技、财税等领域的优惠政策支持力度,加强知识产权保护,创新融资抵(质)押方式,支持陶瓷企业向金融机构申请专利、品牌、版权等无形资产抵押贷款,采用陶瓷企业信用合作、互助互保等融资方式,积极推进陶瓷文化企业上市和"新三板"挂牌。平川区委为扶持陶瓷产业的发展,出台了《白银市平川区招商引资和促进民间投资优惠政策》

《关于进一步加快非公有制经济发展的意见》等一系列优惠政策,围绕建设"西部陶都",在环保、土地出让、税费减免、行政审批等方面给予优待。景德镇市政府在江西省金融机构支持景德镇国家陶瓷文化传承创新试验区的产融对接会议上表示,景德镇各级、各部门要进一步提高政务服务水平和优化营商环境,加快与金融机构之间的信用信息的交流,强化金融生态建设,营造良好的金融发展环境,为金融机构"愿贷、敢贷、能贷、安全贷"创造条件、提供便利。江西省黎川县坚持"惠企、助企、利企"的方针,通过完善政策、搭建平台、创新金融等一系列举措,加速陶瓷产业的升级,助推陶瓷产业高质量发展。同时,制定了《黎川县陶瓷产业高质量发展实施方案》,设立了5000万元的产业发展资金,对企业的厂房建设、技术创新、设备升级、人才培养、节能减排、设立研发机构、挂牌上市等方面给予扶持。

六、金融支持对陶瓷产业高质量发展的影响

(一)金融支持对陶瓷产业发展的影响

金融支持对陶瓷产业发展的影响主要体现在以下四个方面。

1.提供人才保障

人才是发展陶瓷产业的核心,一个产业没有高素质的人才难以发展壮大。但是,要想吸引优秀的人才,就必须要有足够的吸引力,而且要想留住优秀的人才,除了要有良好的薪资条件,还要有适合他们的发展环境,这些都需要资金的支持。在金融支持的条件下,有利于引进和培养陶瓷产业的专业人才,为陶瓷产业的高质量发展提供人才支持和保障。

2.拓宽陶瓷企业融资渠道

目前大部分陶瓷企业的规模小,还无法达到上市的条件,只能通过自筹或向银行借贷的方法进行融资。对于陶瓷中小企业来说,融资渠道窄、融资成本高成了融资的主要问题,但有了金融的支持,可以有效地拓宽企业的融资渠道,增加企业的融资机会,促进陶瓷企业的发展。

3.扩大产业规模

金融是产业发展的催化剂、润滑剂和倍增剂,产业是金融发展的基石。产业规模在金融的支持下可以快速地发展壮大。陶瓷产业的发展壮大需要大量的资金融通,金融支持陶瓷产业是陶瓷企业规模扩大的基础,可以为陶瓷企业扩大规模提供资金支持。

4.促进产业转型升级

金融支持的方式主要分为直接融资和间接融资。直接融资是指市场主导型,

间接融资是指银行主导型。在信贷市场中银行将资金借贷给陶瓷企业,帮助企业进行生产经营或投资,同时金融支持让企业有充足的资金可以引进新的技术,进行技术创新,促进产业的转型升级。

(二)金融市场发展对陶瓷产业发展的作用

金融的发展推动了经济的发展,而经济的发展将推动产业的转型升级,换言之,金融发展会促进产业转型升级。对于金融发展对经济增长的影响,学术界已经有了较多的论述。20世纪60年代的早期金融发展理论指出,以金融机构与金融工具演化为内容的金融发展能够在很大程度上推动资源的分配和经济结构的优化。对于金融要素与产业结构之间的关系,在金融发展理论中也有专门的论述,指出了金融要素的参与对产业结构的调整是不可或缺的,金融要素也对内生增长起到重要推动作用。

在陶瓷产业的发展中,持续发展的金融市场推动了陶瓷产业的转型升级,使陶瓷产业结构得到了发展和优化。生产力决定了生产关系,而产业转型的基础就是技术的发展与提升,不管是前两次工业革命,还是第三次工业革命,都是以技术革命为起点,最终实现根本的经济变革。技术的发展与革新,都需要投入巨大的资金,因此,金融资源的优化配置将推动技术进步。金融发展也促进了技术的进步,而技术进步是产业发展的直接动力。在陶瓷产业的发展中,技术占主导地位,金融市场的发展促进了陶瓷产业技术的进步,可能会形成新的陶瓷有关产业并改造陶瓷产业的结构,推动陶瓷产业的发展。

(三)金融政策对陶瓷产业发展的影响

2015年8月11日,中国人民银行对人民币汇率中间价报价机制进行改革,中间价报价参考上日银行间外汇市场收盘价。2015年8月至2017年初,人民币兑美元汇率经历了贬值期,但从2017年5月至2022年5月,人民币汇率基本实现了双向波动。人民币汇率的变动不仅对我国经济结构、就业水平等方面影响重大,而且影响到我国陶瓷产业的进出口贸易以及陶瓷产业的发展与升级。陶瓷产业的年平均汇率与其进出口贸易比率呈协整关系,人民币的年平均汇率对其进出口贸易比率具有显著的影响。当人民币对美元的年平均汇率上升(所谓的"人民币贬值"),有利于提高产品的附加值,促进我国陶瓷产业的发展,这时陶瓷产业可适当增加出口;反之,则不利于陶瓷产业的升级。银行是专门从事金融交易的金融机构,它通过吸纳社会的各类闲置资金,将其投放到缺乏资金的公司和个人,从而获得一定的利益。

在企业的融资中,银行贷款是企业的一项重要资金来源。银行贷款利率作为金融市场的核心要素,是重要的宏观经济"杠杆"。陶瓷产业工业增加值率与银行贷款利率之间存在协整关系,银行贷款利率对陶瓷产业工业总产值比率有重要影响。当银行放款利率降低时,会刺激陶瓷产业的升级,此时可以适度提高银行的信贷额度,通过银行贷款来偿还更低的贷款利息,降低企业的财务成本;当银行放款利率升高时,对陶瓷产业的发展会产生一定的制约,陶瓷产业要进行合理的信贷安排,降低贷款或者提前还款。

  股票市场发展是金融发展的一个重要方面。随着股票市场的不断发展,通过股票市场来融通资金已是企业融通资金的一个重要渠道。马克思所说的"股权公司",是指证券市场具有筹集资金的功能,为投资者筹资提供了一个便利的场所。股票市场的发展,可以使陶瓷企业更高效地筹集到资金,从而减少企业的融资成本。陶瓷上市公司通过股票发行上市,迅速获得了大量的资本金,使得总资产远远高于未上市的陶瓷企业。马克思认为,资本或货币是公司发展的首要驱动力,而股份制则为公司的规模扩张提供了大量的资金,使企业大规模生产经营成为可能。陶瓷产业的发展和壮大,一部分体现在陶瓷企业规模的不断扩大。陶瓷企业通过股票发行上市的方式,可以加速公司的兼并重组,快速筹集到资金,扩大企业的规模。股票市场既为陶瓷企业筹集资金提供了良好的平台,也为陶瓷企业规模的扩大提供了基础。股票上市的公司,必须要有一定的盈利能力、一定的规模和一定的生存期,此外,还要有一个良好的经营环境。这样的公司,才能在市场上建立自己的品牌。目前,国内已上市的陶瓷企业有红蔷薇牌骨瓷、硅苑牌陶瓷、华光牌日用陶瓷、长城牌日用陶瓷、金卫陶牌卫生陶瓷、玉泉牌日用陶瓷等。陶瓷企业的上市,将使其信息资源更加公开化、透明化,既能树立健康、可信赖的企业形象,又能为陶瓷品牌的创建、宣传和发展创造有利条件。

第五章 金融支持陶瓷产业高质量发展的机理分析

第一节 金融支持陶瓷产业高质量发展的主体与动机

一、金融支持陶瓷产业高质量发展的主体

金融市场的主体也被称为金融市场交易的参与者。参与金融市场的机构或个人既可以是资金的供应方,也可以是资金的需求方,还可以同时是资金的供应方和需求方。如果从参与交易的动机来看,则可以将其进一步细分为投资者(投机者)、筹资者、套期保值者、套利者、调控和监管者等。金融市场的主体一般分为居民、企业、政府、金融机构和中央银行五个部分。

(一)居民

居民作为金融市场的参与者,一方面体现为资金的供应方。居民收入一般源于自身劳动,即企业给居民发放的工资。居民考虑到未来自身发展,一般不会将全部工资用于消费,而将自己消费的剩余资金用于投资。居民通过购买债券、股票、基金等金融产品,或是参与银行储蓄存款,将剩余资金提供给资金的需求方。居民另一方面体现为资金的需求方。在当今社会,人们普遍存在"花明天的钱,圆今天的梦"的超前消费理念。很多人会在金融市场中获取贷款,用于购房、购车、教育、创业、购买奢侈品等消费,通过提高短期消费能力,达到最佳消费效果。从居民在金融市场中的作用来看,居民仍然是资金净剩余的金融交易主体,即居民在多数情况下体现为资金的供应方。在陶瓷行业,普通居民一般以个人工作室或小作坊的形式手工创作陶瓷。在创业的初期,个人需要购买或租用场地,购进创作陶瓷所用的工具及设备。此时个人所用资金多为自身积蓄或是向银行申请的创业贷款或小额贷款,居民在金融市场上体现为资金的需求方。在创业的成熟期,个人工作室或小作坊已经走向了正轨,基本上摆脱了入不敷出的情况,获得盈

利。居民参与银行储蓄或是购买金融产品,在金融市场上体现为资金的供应方。

(二)企业

企业作为金融市场的参与者,首先体现为资金的需求方,企业为了弥补其资金不足,除了从银行借款,还通过发行债券、股票等方式筹集资金。其次,企业还体现为资金的供应方,部分企业在创业成功后会有不少的闲置资金,这些闲置资金除了发展副业,还成为金融市场的资金供应源。陶瓷企业在创业初期需要筹集资金用于购买原材料,购进生产设备;在成长期需要资金用于扩建场地,扩大产业规模;在成熟期需要资金用于研发新技术,推动产业转型。从陶瓷企业在金融市场中的作用上看,企业是资金需求大于供给的金融交易主体,即陶瓷企业在大部分情况下作为资金的需求方存在。

(三)政府

政府作为金融市场的参与者,主要体现在执行财政职能,这种财政职能使政府具有资金需求方和供应方的双重身份。一方面,当财政收支出现赤字时,政府会采取紧缩政策,通过在金融市场上发行长、短期国家债券的方式筹集资金,弥补财政赤字或是满足经济建设的需要,在这个方面政府体现为资金的需求方。另一方面,当财政收支出现盈余时,即在财政收支中存在资金的临时闲置,政府就会将这些资金投入金融市场,为金融市场供应资金,或是采取扩张政策,加大对一些公共部门和特定领域的资金供给,其资金的投放虽然不经过金融市场,却可以改变金融市场的供求关系,政府在此以资金的供应方的身份出现。

(四)金融机构

金融机构是金融市场的专业参与者。在金融市场上,金融机构向资金需求方提供资金,同时广泛吸收存款,发行有价证券进行筹资。金融机构包括商业银行和非银行金融机构。商业银行是指具有商业性质的金融机构,它们通过各种金融工具筹集资金,以商业目的进行各种金融活动,并发挥信贷创造功能,主要业务是接受公众的存款,发放贷款以及汇票的借贷和贴现等。而非银行金融机构是指银行以外的其他从事金融业务的机构,如证券公司、财务公司、信托投资公司等,它们通过发行股票和债券、提供保险业务等方式筹集资金。金融机构是资金融通活动的重要中介机构,是资金的需求者和供应者之间的枢纽。在陶瓷行业,处处有金融机构的"身影"出现。当陶瓷企业或个人资金不足时,往往会向银行或非银行金融机构贷款,或以其他形式筹集资金,此时金融机构为资金的需求者提供了筹集资金的便利;当陶瓷企业或个人收入大于支出、出现闲置资金时,往往会将资金储存在银行或购买金融产品,此时金融机构通过吸纳这些闲置资金,为资金供给者提供资金保值、增值的渠道。

(五)中央银行

作为"银行的银行",中央银行是金融市场的主要债权人,同时起着监管作用,监管着整个金融市场。中央银行代表政府实施适当的政策,根据不断变化的经济形势指导和监督金融市场的运作。中央银行的作用不是为了筹集资金或获利,而是为了实现货币目标、稳定物价以及调节经济。

二、金融支持陶瓷产业高质量发展的动机

每一个微观经济组织和机构的存在都是以获得自身利益为目的,金融机构也是这样,其行动的动机取决于项目是否有利可图。但金融机构有其自身的独特性,从整体上看,其目标性与功能性是密切相关的。一系列的金融机构及其业务运作和交易行为共同构成了现代金融体系。现代金融体系支持陶瓷产业发展的动力是通过向最具发展潜力的企业及部门提供资金,支持陶瓷产业的发展,这样不仅可以分散和转移自身金融风险,还可以激发自身产品及服务的创新,获得可观的、持续的利润回报,以及不断发展壮大的动力。

(一)金融支持陶瓷产业高质量发展可以分散和转移风险

现代金融体系中的各个参与主体,特别是银行业金融机构,当前仍将其主要业务集中在房地产等传统行业,这无疑会对我国金融发展和稳定造成较大的隐性风险。国家政策对房地产行业导向偏离的纠正,以及对传统行业的能源密集型和排放密集型企业的进一步限制,为金融机构过度集中于房地产等传统产业的业务模式敲响警钟。国家政策对金融机构的未来发展起着鲜明的引导作用。如景德镇国家陶瓷文化传承创新试验区的建设,代表着国家对景德镇陶瓷文化的传承以及陶瓷产业的高质量发展给予了高度的重视,代表着未来景德镇陶瓷产业的发展有国家的保驾护航。这也表明,陶瓷产业及相关行业正在稳步增长,预期利润正在稳步提高。因此,金融机构可以把握国家支持景德镇陶瓷产业发展的机遇,向陶瓷产业提供金融支持,以此来优化自身的融资结构,分散或转移高系统性风险。同时,中央政府和地方政府已经出台了一系列的政策和措施,以鼓励和支持陶瓷产业及相关行业的发展。这些举措显然确保了陶瓷行业的投资安全,使高利润的结构性投资大有可为,并实现了一定程度的风险分散。

(二)金融支持陶瓷产业高质量发展可以激发自身的创新

经济主体的需求可以直接拉动金融市场的供给,需求的多样性又间接地激发着金融市场的创新,为金融市场的发展带来源源不断的动能。传统的金融服务对应着传统的产业发展形势,陶瓷产业的高质量发展不可避免地会对金融服务和产品产生更多样化、多层次、多渠道的需求,这就需要金融服务进行转型。而要实现转型,必须依靠创新。

陶瓷产业发展对金融的需求有三点:其一是居民或家庭消费性贷款的需求;其二是企事业单位生产性贷款的需求;其三是陶瓷产业高质量发展的需求,如景德镇公共基础设施建设对资金的需求。陶瓷产业各市场主体的金融需求一般可以分为三个方面:第一个方面是货币需求,这取决于市场主体的收入水平,收入水平高则他们的货币需求增加,反之则降低;第二个方面是信贷需求,这与当前可支配收入以及未来预期收入有关,即当前没有消费能力,但是可以通过贷款提前消费,以未来的预期收入偿还;第三个方面是对金融服务的需求,主要指的是购买一些和金融有关的咨询和结算等服务,或是购买一些保值、增值和规避风险等方面的金融产品。

在新冠肺炎疫情和逆全球化的大背景下,经济下行压力较大。一方面,政府收入减少,政策性资金已不能满足陶瓷产业高质量发展的需要。另一方面,随着景德镇国家陶瓷文化传承创新试验区建设的开启,景德镇居民、企业及政府的生活与生产性的金融需求持续增加。在景德镇陶瓷产业高质量发展的过程中,艺术创意陶瓷、先进陶瓷等的生产具有多样化、多层次以及多渠道的融资需求,金融需要创新支持景德镇陶瓷产业的新产业、新业态等的高质量发展。金融体系需要通过创新来满足陶瓷产业发展的需求,进而获得自身广阔的发展空间。

景德镇国家陶瓷文化传承创新试验区项目是我国首个以陶瓷文化为核心的试验区项目,传承和创新景德镇陶瓷文化、培育和发展景德镇陶瓷产业不仅是我国推进经济结构调整的重大尝试,而且是长期发展战略,这将会创造出对贷款和其他金融服务的持续需求。因此,要鼓励金融机构参与陶瓷行业的发展,利用巨大的市场机会,迅速对自身内部结构及其管理和运作的体制机制等进行必要的优化和创新发展,满足陶瓷产业多层次、多样化的发展需求。

陶瓷产业作为传统产业中的一员,产业发展本身也面临着能源枯竭、技术落后等风险。这些风险也将迫使金融机构在投资陶瓷产业时,创造出新的金融工具以应对和降低风险,从而确保其在陶瓷行业的投资利润。同时,陶瓷产业在发展过程中,将会不断催生新业态和新商业模式,这当中蕴含着丰富的盈利机会,金融机构对其进行投资,可以获得较高的预期利润。并且,这些新业态和新商业模式并不属于政府的监管范围,有利于金融机构在承担一定风险的同时,提升预期收益率。当前虽然国家为了防止系统性金融风险的发生,对金融机构的业务性质、范围,以及资本比率的适宜度等都做了一定程度的限制。但是在景德镇国家陶瓷文化传承创新试验区的培育过程中,陶瓷产业的融资行为将会被给予更加宽松的政策对待,政府在鼓励其创新的同时,对其中潜藏的风险有一定程度的包容,从而推动金融与陶瓷产业高质量发展的良性互动。

第二节　金融发展对陶瓷产业发展的影响

金融市场发展得越好,金融机构数量就越多,意味着陶瓷企业可以有足够的外部融资渠道。同时,越发达的金融市场的信息透明度越高,意味着信息不对称的情况越少,这就对陶瓷企业进行外部融资更加有利,使得融资成本越低。金融发展对陶瓷产业发展的影响主要有两方面:一方面,金融发展能够直接使得陶瓷企业有更多的外部融资,即陶瓷企业有更多的资金直接用来增加生产要素的投入,扩大生产规模;另一方面,金融发展通过扩散效应,能够间接加速陶瓷产业的转型升级,形成产业集聚,促进技术进步,带来先进的管理经验和提高生产效率。

一、直接影响

金融发展直接促进陶瓷产业增加生产要素的投入以及扩大生产规模。目前,在中国金融发展和银行偏好的背景下,受金融约束较大的是中小企业[1]。中小企业是中国经济的最活跃的力量,与大企业相比,由于其生存环境更差,面对市场条件变化时,作出的反应也会更大,创新技术的动力会更强[2]。金融可以为陶瓷产业的发展提供资金,直接缓解陶瓷产业内中小企业的融资约束,增加生产要素的投入,扩大企业生产规模。

一方面,金融为企业提供充足的资金,使得陶瓷企业可以使用更高质量的中间投入品,包括生产性服务业的中间投入品(技术咨询、研发、设计等),以及高质量的机器设备,用以提升陶瓷企业的生产效率,从而提升陶瓷产业整体的生产效率,进而促进陶瓷产业生产规模的扩大。另一方面,融资约束的缓解也有利于陶瓷企业雇佣高技能的劳动力,优化人员配置结构,提升产出效率。对于大多数企

---

[1] 张一林,郁芸君,陈珠明.人工智能、中小企业融资与银行数字化转型[J].中国工业经济,2021(12).
[2] 余明桂,范蕊,钟慧洁.中国产业政策与企业技术创新[J].中国工业经济,2016(12).

业来说,传统的有形资产和市场支配能力已经不再是企业较为有力的竞争优势,反而是人力资本在企业的竞争中越来越占据优势地位。高技能的劳动力可以带来新的知识和信息,增强企业的创新能力,促进知识和技术的外溢,提高企业的产出效率,从而提升陶瓷产业整体的生产效率,促进陶瓷产业生产规模的扩大。

二、间接影响

(一)金融发展有利于陶瓷产业的转型升级

其一,金融机构更偏向于支持掌握着核心技术且自主创新能力较强的企业。金融的支持有利于企业迅速成长,扩大其在市场中所占的份额,帮助其迅速成长为关键企业。而陶瓷产业的核心企业为了维持其在行业中"领头羊"的地位,必定会不断地进行管理和技术等方面的创新,并加大投入力度。其创新的成果将会在行业中产生扩散效应,创新也会刺激需求的产生,有利于陶瓷产业开辟新的市场。关键企业在研发和开辟新市场的过程中需要巨大的资金投入,现代金融体系交易成本低、信息交互程度高,可以对关键企业的需求迅速作出反应。当金融机构预期关键企业在未来会有越来越好的经营业绩时,金融机构会尽可能地满足其资金需求。因此,现代金融具备超强的资金支持能力和迅速反应能力,能够识别行业内具备技术潜力的企业,帮助其迅速成长,推动陶瓷产业转型升级。

其二,金融发展可以帮助陶瓷产业扩大融资的空间范围。企业的融资范围不再仅仅局限于本地,金融机构拥有更大规模的资金集聚。尤其是金融国际化的发展,帮助金融资源在全球范围内进行再配置,陶瓷产业因而获得更大的发展空间。陶瓷产业也可以借助国际金融的支持,进行跨国投资等行为,为陶瓷产业开辟国际市场,扩大其市场需求的空间,为其获得更多的盈利空间。陶瓷企业在更加激烈的国际竞争中,会不断提升自身的竞争力,促使陶瓷产业转型升级。

其三,金融发展有利于在本地形成具有集聚优势的陶瓷产业。陶瓷产业的竞争力会随着集聚效应的提升而不断增强,金融机构将会识别出本地有集聚优势的产业,对其进行差异化的金融支持。景德镇的陶瓷产业作为本地的主导产业,相对于其他产业来说,具备很强的竞争优势,尤其体现在其与本地高校的互动当中。陶瓷产业可以迅速吸收本地高校的创新成果,将其转化为商业机遇。金融支持在推动陶瓷产业发展的同时,会帮助其形成有效的配套产业链,通过产业链分工进一步促进陶瓷产业的高质量发展,实现陶瓷产业的转型升级。

(二)金融发展有利于陶瓷产业在空间上的集聚

金融发展帮助陶瓷企业进行更多的研发投入,进而获取更多、更先进的技术。

金融通过发挥自身的功能,引导资金的合理配置,使资金流向更有潜力、更有优势的企业、部门和项目,促进产业结构的合理调整,进一步促使陶瓷产业分工不断深化,在陶瓷企业的周边延伸新的产业链,形成上下游,促进陶瓷产业的集聚。产业集聚又可以给集聚区的企业带来良好的经济效应,在一定程度上缓解中小企业融资约束的问题,使得陶瓷中小企业又可以获得更多的融资并投入生产,由此产生良性循环,促进陶瓷产业的集聚。

(三)金融发展能够促进陶瓷产业的技术进步

金融发展使得陶瓷中小企业可以获得更多的资金支持,融资约束的缓解帮助陶瓷企业购买更多先进的机器设备和生产性服务,尤其是高质量的机器设备和服务,其中包含大量的技术和知识。高质量的机器设备有利于陶瓷企业引进消化吸收再创新,提升技术能力和全要素生产率。高质量的服务包含大量的知识溢出,帮助陶瓷企业获得知识积累和技术进步[1]。金融发展使得陶瓷中小企业可以获得更多的贷款,更多的资金意味着陶瓷企业可以购入更先进的机器设备和高质量的服务。通过先进的机器设备提升企业的生产效率,通过高质量的服务获得知识积累,从而促进陶瓷企业的创新发展,带动陶瓷产业的技术进步。

(四)金融发展可以为陶瓷产业带来先进的管理经验

金融业是知识密集型的服务业,其从业人员大多拥有较高的技能水平,金融发展意味着金融业建立了更高效的金融体系,拥有更高技能水平的从业人员以及更先进的管理经验。陶瓷企业获得更好的金融支持,意味着提高了与金融业联系的频率。通过面对面的接触,陶瓷产业的从业人员与金融业的从业人员之间可以进行知识的交互,从而提升陶瓷企业员工的素质,获得先进的管理经验等,进而提升陶瓷企业的竞争力。此外,陆铭(2016)的研究也表明,低技能劳动者可以在与高技能劳动者的互动中提升自身的技能水准[2]。

(五)金融发展能够提高陶瓷产业的生产效率

融资约束的缓解使得陶瓷企业可以将更多的资金用于购买质量更好的瓷土和相关的制瓷材料,制作出质量更高的陶瓷产品。产品质量的提高会刺激人们的消费需求,进而促使陶瓷企业扩大生产规模,帮助陶瓷企业获得规模经济优势,进一步促使陶瓷企业的分工不断深化、陶瓷产业链条延伸、生产效率提高。

---

[1] 符大海,鲁成浩.服务业开放促进贸易方式转型——企业层面的理论和中国经验[J].中国工业经济,2021(7).
[2] 陆铭.大国大城[M].上海:上海人民出版社,2016.

第三节　金融发展与陶瓷产业发展的关联机理

陶瓷产业高质量发展离不开资金支持,虽然可以通过内源融资积累一定的资金,但内源融资难以满足需求量大和特定的资金需求。因此,获得外源融资对陶瓷产业高质量发展十分重要。金融体系可以将闲置的资金集中起来,使其流向缺乏资金的企业,进而对经济系统的运行起到动力机制的作用,为企业源源不断地输送"血液"。因此,金融体系将会成为陶瓷产业发展的资金来源,进而成为助力陶瓷产业高质量发展的支持机制。借鉴 Levine(1997)的模型①,本章构建了如图 5-1 所示的金融支持陶瓷产业高质量发展的传导机制。本研究认为,在金融体系助力陶瓷产业高质量发展的过程中,资本形成、技术创新和消费刺激是主要的影响机制。

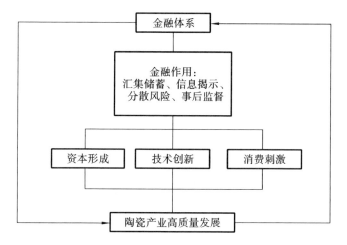

图 5-1　金融支持陶瓷产业高质量发展的传导机制

一、金融、资本形成与陶瓷产业高质量发展

(一)资本形成与陶瓷产业高质量发展

资本形成或资本积累与经济发展及产业发展有着密切的关系。早在 19 世纪

---

① Levine R. Financial Development and Economic Growth: Views and Agenda[J]. Journal of Economic Literature,1996(2).

初,经济学家们就已经在关注资本在经济发展中的作用及企业如何形成资本的问题,社会和产业分工成为他们主要的研究角度,资本积累作为促进经济增长的重要因素,受到普遍关注与重视。作为古典经济学"开山鼻祖"的亚当·斯密在《国富论》中阐述了资本的积累与资本的形成之间的关系①。亚当·斯密认为,资本的积累必定先于分工,因为在分工的过程中生产力也在不断提高,而提高生产力的关键在于形成包括机器设备的大量资本,由此增加工厂所雇佣的劳动力的生产能力。因此,资本的积累是形成专业化分工的前提,资本的形成过程需要大量资金的支持,分工越细,需要的资本就越多。

对于资本形成的作用,其他经济学家也从不同角度进行了深入研究,形成了丰富的理论。Harrod-Domar 认为资本积累能力决定了经济增长的速度,其在构建的模型中假定经济体通过储蓄形成的资金可以全部转化为资本,因此,储蓄率的高低决定了经济增长速度的快慢②。Nelson 认为人口的不断增长会降低经济体的人均资本占有率,只有当资本积累的速度超过人口增长的速度,人均产出能力才能维持,经济体才能逃离"低水平均衡陷阱"③。罗森斯坦·罗丹认为在国家工业发展的过程中,资本的缺乏将会产生关键的制约作用,资本形成能力的提升将会推动工业化的进程④。利本斯坦的"临界最小努力"理论扩充了"低水平均衡陷阱"理论,认为资本形成最初来源于生产剩余即储蓄,储蓄转化为投资,最后才转变为机械设备等物质资本⑤。并指出,一个国家如果能够解决资本形成的问题,再与本国的劳动力、自然资源等生产要素配合,可以很快摆脱贫困局面,实现经济的长足发展。

资本形成理论的早期研究者 Ragnar Nurkse 认为,资本的形成是指经济体将收入的一部分节省下来作为储蓄,用来购买资本品,以增加生产能力的过程。这个过程涉及人们对消费欲望的克制,即减少在收入中用于消费的部分,将其节省下来,使得未来可以生产更多和消费更多⑥。其中,资本品既包括基础设施,又包括机器和工厂等。同时,他所提出的贫困恶性循环理论,从资本形成的角度分析了发展中国家长期处于贫困的原因,认为发展中国家较差的资本形成能力制约了

---

① 亚当·斯密.国富论[M].谢宗林,李华夏,译.北京:中央编译出版社,2010.
② Domar E D. Capital Expansion, Rate of Growth, and Employment[J]. Econometrica,1946(2).
③ Nelson R. A Theory of the Low-Level Equilibrium Trap in Underdeveloped Economies[J]. American Economic Review,1956(5).
④ Rosenstein-Rodan P N. Problems of Industrialisation of Eastern and South-Eastern Europe[J]. Economic Journal,1943(210).
⑤ Leibenstein H. Book Reviews:Economic Backwardness and Economic Growth[J]. Population,1957(1).
⑥ Ragnar Nurkse. Problems of Capital Formation in Underdeveloped Countries[M]. Oxford:Oxford University Press,1953.

经济发展能力,而资本形成能力差的现象可以从供给和需求两个角度进行说明。一方面,发展中国家人均收入水平较低,这意味着人民可能会将绝大多数的收入用于现阶段的生存,而不会将收入用于储蓄,以保障未来的生活,偏低的储蓄率制约了资本的形成;另一方面,资本形成能力的不足将会降低人均资本占有率,导致生产率难以提高,低生产率导致了低国民收入,收入低又会制约居民需求,需求不足会抑制企业投资扩大再生产的意愿。以上两个方面会造成贫困恶性循环的状况。经济发展史同样证明,各国的经济发展与其资本形成之间具有密不可分的关系。对于大部分的发展中国家来说,在劳动、资本和自然资源等诸多生产要素中,资本是稀缺程度最高的资源,因此,资本形成对于推动大多数发展中国家经济增长和产业发展就显得尤为重要。

陶瓷产业作为景德镇的支柱产业,其高质量发展对于推动景德镇经济发展起着至关重要的作用。景德镇陶瓷产业独特的属性决定了资本形成在其发展过程中的重要性,而且资本形成在陶瓷产业发展的不同阶段有着不同频度、规模及渠道的需求特点。陶瓷产业在发展的初期,依靠内源融资及外源融资吸纳大量的资金用于购入产业初期所需的机器设备,招揽专业人才;陶瓷产业在发展的成长期,需要更大规模的资金用于扩大生产规模,抢占市场;在陶瓷产业发展的成熟期,随着人们需求的降低、市场的渐趋饱和、新技术的研发应用,产业的转型升级需要更多层次、更广渠道的资金。景德镇陶瓷产业发展的风险较高,影响了金融机构为其提供贷款的意愿,进而制约了其向更高质量的发展迈进。

(二)金融支持陶瓷产业高质量发展的资本形成传导机制

相对于传统金融体系,现代金融体系的突出优势主要体现在三个方面,包括交易成本低、流动性强和风险分散能力强。以上三个方面的优势带动了居民的理财行为,居民将收入的一部分投入金融体系以获得收益。当金融体系汇聚的资金足够多的时候,会形成可观的规模经济优势,进一步降低金融体系运转的平均成本,提高平均收益,进而带动金融业的规模扩张,提高了资金配置效率,提升了储蓄向资本转化的效率,进一步优化了资本形成的结构,促进了经济增长。Solow 的经济增长理论认为,当储蓄上升的时候,更多的资源会向投资倾斜,而金融通过改变在经济产出中消费与储蓄的比例,使个体金融资源融入群体的投资,最终促进资本的积累,推动经济增长[①]。完善的金融体系加强了居民储蓄的动机,从而扩大社会储蓄的总供给。这也就意味着陶瓷企业可以向银行或非银行的金融机构筹

---

① Robert M. A Contribution to the Theory of Economic Growth[J]. The Quarterly Journal of Economics, 1956(1).

集的资金额度有上升的可能性,在一定程度上提高了陶瓷产业高质量发展所需金融资本的供给可能性,为陶瓷产业的长期项目投资和企业股权融资提供了机会,使得潜在的投资机会可以得到充足的资金支持,并将有利可图的技术应用到商业活动中。此外,金融机构也可以为投资者设计更加多样化的投资渠道,在分散风险的同时,提升资金的有效利用能力。

此外,金融能够在资本分配过程中对资本进行重新分配,推动资源流入更高效的生产部门,优化资本"再生产"过程。金融市场是信息生产和传播的重要载体。金融市场汇聚了关于市场投资机会的大量信息,这些信息包含了企业的经营状况以及潜在的投资机会、金融体系的规模经济效应以及信息的分享能力,降低了投资者获取信息的成本。投资者根据更丰富的信息,通过金融市场对资金进行有效的配置。在众多陶瓷企业有融资需求的情况下,金融机构面临着是否给予该企业资金支持,或是该如何分配各企业的资金支持,才能让自身的资金以较低的风险发挥出最大的资金效应的问题。这个时候,良好的金融体系就会在搜集和披露企业发展状况的基础上,筛选出竞争力最强、最有价值的企业和部门,引导社会资本向更有潜力的陶瓷企业、生产效率更高的生产部门流动,提高陶瓷产业的资金配置效率,促进陶瓷产业的优胜劣汰,推动陶瓷产业的高质量发展。

二、金融、技术创新与陶瓷产业高质量发展

(一)技术创新与陶瓷产业高质量发展

技术创新或进步既是经济发展的重要驱动力,也是陶瓷产业实现高质量发展的关键因素。被誉为"创新理论"的"开山鼻祖"的 Schumpeter 以独特视角阐述了经济发展的创新过程[①]。他指出技术创新能力是经济发展的根本动力,一个经济体没有技术创新就会缺少新的投资机会,进而导致经济结构停滞不前。技术创新可以带来生产效率的提升,生产效率的提升会降低该企业的生产成本和价格,由此改变消费者的消费偏好。当该企业生产的产品对其他产品有着较强替代能力时,其营业收入会获得提升,这会促进其他企业对该企业生产技术进行模仿,进而带动了企业投资和资本形成。当该产业有足够多的企业进入时,更多的盈利机会将不再存在,经济增长的过程将会减缓。当下一个技术创新和投资机会来临时,经济体又会获得经济增长的机会。因此,技术创新影响了经济周期。

新古典经济学派认为经济增长取决于生产要素的投入和技术的创新,并给出

---

① 熊彼特.经济发展理论[M].孔伟艳,朱攀峰,娄季芳,编译.北京:北京出版社,2008.

了技术创新的计算方式。Solow 拓展了前人的研究,将资本、劳动和技术纳入同一个模型,认为经济增长是资本增加、劳动力增长和技术创新共同作用的结果,其中,"索洛剩余"体现了技术创新对经济增长的贡献。

随着人们对技术创新理论的不断深化,更多学者更加强调创新与经济的结合。以卢卡斯和罗默为代表人物的内生增长理论家将技术创新、知识生产和人力资本积累视作经济增长最为持久的内生动力。柯伊等(1995)从技术创新的研发投入入手,验证了研发投入、知识扩散与人力资本积累驱动经济增长的有效性[1]。

后来 Gort 和 Klepper(1982)[2]以及 Graddy 等(1990)[3]学者认为经济增长所形成的生命周期与经济发展产生的创新行为是密不可分的,创新为经济发展提供了新的投资机会,给经济体的发展带来了新的活力。

对于陶瓷产业来说,技术创新不仅是其发展的内源驱动力和根本支撑,而且会影响其生命周期的各个阶段。近年来,国内很多区域的地方政府为解决陶瓷产业供给侧产生的问题,制定了很多针对性的政策,出台了一系列的扶持政策,这些政策的共同点就是支持以技术创新为手段,通过企业技术进步,提高产品质量和扩大企业规模,实现陶瓷企业的高质量发展。江西高度重视陶瓷产业的发展,在贯彻落实"一带一路"倡议和"十三五"规划的基础上,进一步促进陶瓷产业结构的优化升级,尤其鼓励陶瓷产业的技术创新。其中,景德镇作为陶瓷产业的重要发展地区,制定并实施了一系列支持陶瓷产业发展的政策。例如,2021 年在《关于市十五届人大六次会议第 65 号建议的答复》中,景德镇市政府明确提到会加大对高新技术陶瓷产业的扶持力度,为陶瓷产业的技术创新提供必需的资金,并在关键的核心技术创新领域加大投资力度,以此激励陶瓷产业高质量发展。

(二)金融支持陶瓷产业高质量发展的技术创新传导机制

金融对创新的促进作用在学术界得到了反复验证。良好运行的金融体系可以促进资金的合理流动,尤其是可以识别高收益的潜在投资机会,而这种投资机会往往是与盈利能力强的创新结合在一起的。完善的金融体系不仅可以保证技术创新能力强的企业获得更多资金支持,还可以将风险分散到不同的投资机会中,进一步推动资源的合理配置以及经济体长期的技术进步。在已有理论的基础上,本研究从两个视角对金融支持陶瓷产业高质量发展的技术创新传导机制进行

---

[1] David T C,Helpman E. International R&D Spillovers[J]. European Economic Review,1995(5).
[2] Gort M,Klepper S. Time Paths in the Diffusion of Product Innovations[J]. Economic Journal,1982(367).
[3] Klepper S,Graddy S. The Evolution of New Industries and the Determinants of Market Structure[J]. The Bell Journal of Economics,1990(1).

分析。

第一，在交易成本理论的视角下，Williamson 认为人凭借自己所掌握的信息做出决策，但由于市场信息的不对称以及人所掌握的信息的不完整性、有限性，使其做出的决策不是最优选择[①]。技术创新是高风险、高投入的产业投资行为，内源融资很难满足大规模、多层次的融资需求，金融市场所提供的外源融资就显得十分重要。而金融机构是金融市场内专业的参与者，金融机构的出现正好弥补了市场信息不对称的不足。金融机构通过对行业的整体研究，在项目投资之前对投资需求方、创新项目进行筛选、甄别和评估，确保资金流向更有竞争力的企业，发展潜力强的创新项目。此外，金融机构通常会实施事后监督，确保企业创新研发的顺利进行、资本金及收益的安全收回。

第二，从风险管理的角度看，金融市场不仅仅局限于为产业创新研发提供资金，还会为产业转移风险。约翰·希克斯指出，创新的过程涉及大量专用资本的投资，这些投资很难用于别的用途。对于金融系统的融资而言，这意味着很高的风险，即便是潜在收益很高的项目，其风险也会影响融资的进程。而金融体系可以通过风险的分散和转移，将风险配置给更多的投资者，这样就可以使高收益、高风险的投资机会得到充足的资金支持[②]。另外，技术创新带来的高收益使得企业快速发展、企业规模扩大，进而吸纳新的金融资金支持，技术研发向高层次深入，风险的提高倒逼金融产品的创新与发展。

综上，充分发挥金融市场在交易成本、风险管理方面的功能，提升金融服务在陶瓷产业的嵌入能力，有助于解决陶瓷产业在创新要素投入不足以及创新技术深入研发方面的问题。同时，金融机构丰富的网络渠道可以为各种创新资源的集聚提供高效、便捷的媒介。利用金融工具，陶瓷产业能够有效地集聚包括资金的资源要素，如人力资本、科学技术、产业信息和商业模式等，刺激陶瓷产业局部出现突破性创新。

三、金融、消费刺激与陶瓷产业高质量发展

（一）消费刺激与陶瓷产业高质量发展

除了资本形成和技术创新，消费结构的改变也会影响陶瓷产业的发展。党的十六大报告指出，"要调整投资和消费关系，逐步提高消费在国内生产总值中的比

[①] Williamson O E. Transaction-Cost Economics: the Governance of Contractual Relations[J]. The Journal of Law and Economics, 1979(2).

[②] Hicks J R. A Theory of Economic History[M]. Oxford: Oxford University Press, 1969.

重"。党的十七大报告强调,"坚持扩大国内需求特别是消费需求的方针,促进经济增长由主要依靠投资、出口拉动向依靠消费、投资、出口协调拉动转变"。在党的十八大报告中也有"加快建立扩大消费需求长效机制"等表述。党的十九大报告提出"要完善促进消费的体制机制,增强消费对经济发展的基础性作用",不仅首次强调了消费对经济发展的基础性作用,更是明确了消费对经济发展有着不可或缺的影响。优化消费者的消费结构,将会刺激产业结构升级,进而促进经济增长。

消费结构对产业结构的变迁有着很重要的影响作用。一方面,居民收入水平的提高将会促进消费者消费偏好的改变,尤其会促使消费者增加对于服务业的需求,进而促进经济体由传统产业向现代产业转变,尤其是促进先进制造业和现代服务业的发展。另一方面,需求结构的改变对于投资具有引导作用,消费者对于不同产业产品需求的变化,将会引导投资者的投资行为,需求较高的行业获得的资金投入会更多。因此,消费结构的变化对于经济增长至关重要,经济高质量发展的实现离不开消费的驱动与引导①。

同理,需求侧的发展与改革是陶瓷产业高质量发展的内在动力。随着人们对于美好生活的需求水平的提升,人们对于陶瓷产品的多元化、多样化、多层次供给也提出了更高的要求,使需求侧与供给侧形成合力,有效推动陶瓷产业高质量发展。根据马斯洛的需要层次理论,高质量的陶瓷消费属于高阶需求消费,受可支配收入、收入预期、消费预期以及购买动机的影响弹性较大。虽然近年来我国居民人均可支配收入水平明显提高,居民陶瓷消费能力有所上升,但总体来说,陶瓷消费规模水平和结构均衡程度仍受到一定的制约,引导产业高质量发展的能力略有不足。

(二)金融支持陶瓷产业高质量发展的消费刺激传导机制

关于"金融市场促进消费增长"的观点早已有之。消费信贷作为金融创新的产物,主要是为了满足个人的消费需求而产生的。马克思在阐述信用对大工业生产的刺激作用时,论述了消费信贷的产生及作用。马克思认为消费信贷的产生使得商品交易获得了很大的发展,尤其是消费者可以预支资金进行消费。马克思对于消费信贷作用的论述主要包括三个方面:其一,消费信贷减少了消费者的资金约束,为产业带来了更多的资金流量,生产和消费之间的循环因而变得更加流畅。其二,消费信贷提升了消费者的消费能力,缓解了消费者的资金约束,使得消费者的需求可以更快得到满足,消费者可以先消费后支付。其三,消费信贷不仅提升

---

① 陈冲,吴炜聪.消费结构升级与经济高质量发展:驱动机理与实证检验[J].上海经济研究,2019(6).

了消费者满足的即时性,让消费者获得更多的效用,还为提供贷款的机构带来了利息。

金融支持陶瓷产业高质量发展的消费刺激传导机制研究主要从以下三个方面展开:第一,金融具有消费跨期平滑的直接功能。Jappelli(1989)[①]、Campbell(1991)[②]发现金融发展能够通过合理有效地分配资源,作用于受到流动性约束的消费者,使他们运用资本市场工具实现消费跨期平滑。Dupas(2013)的研究显示,当低收入者存在活跃的金融活动(如开设金融账户等),通常会带来较高的消费和收入[③]。与此同时,景德镇金融市场的发展也确实发挥出了释放潜在消费需求、推动消费升级的作用。陶瓷类消费信贷正在快速发展中,许多金融机构开始与陶瓷产业主体展开合作,推出陶瓷消费信贷产品。例如,江西银行推出的陶瓷行业专属普惠产品"江小陶",在一定程度上解决了陶瓷产业规模小、融资难的问题,而且能够针对消费者的陶瓷消费进行跨期平滑,有效地释放出陶瓷消费潜力。第二,金融市场具有消费效应,具有能够提高居民可支配收入的间接功能。景德镇的金融机构数目众多,相应的金融服务和产品也多。因此,对于投资者来说,其投资机会增多,投资风险降低,有利于其获得更理想的收益;对于消费者来说,其购买能力可以在短时间内得到提升,有利于消费者平滑各个时期的消费,提升其长期的生活水平。第三,金融市场具有生产效应,企业在面临需求提升时,会通过扩大企业规模和雇佣更多的劳动力来生产更多的商品,而这又取决于金融市场的资金供给情况。

---

① Jappelli T, Pagano M. Consumption and Capital Market Imperfections: An International Comparison[J]. American Economic Review, 1989(1).
② Campbell J Y, Mankiw N G. The Response of Consumption to Income: A Cross-Country Investigation [J]. European Economic Review, 1991(4).
③ Dupas P, Robinson J. Why don't the Poor Save More? Evidence from Health Savings Experiments[J]. American Economic Review, 2013(4).

第六章 金融支持陶瓷产业高质量发展的现状及效率评价

我国的金融体系的发展经历了多个阶段,在以国务院金融稳定发展委员会、中央银行、中国银保监会以及证监会为主体的监管架构下,逐步形成了较为完善的金融市场体系。本章将从金融支持陶瓷产业高质量发展的现状进行阐述,并指出金融支持陶瓷产业高质量发展所面临的问题,最后以陶瓷上市企业的经营效率为例来分析和探讨金融支持对陶瓷企业高质量发展过程的影响。

第一节 金融支持陶瓷产业高质量发展的现状

一、陶瓷产业高质量发展金融政策支持现状

金融支持是金融机构和金融政策领域为促进经济发展、社会良性运转,专门提供的有针对性的货币支持或信用支持。金融支持政策是政府通过银行信贷干预、差别化贷款利率管理等措施,为市场主体发放扶持补贴的一系列制度安排。例如,政府出台的面向小微企业、创新创业主体等的税率优惠、贴息贷款、行业准入补贴、差别化利率等措施,都是金融机构和金融政策提供的产业支持。金融支持政策主要包括:银行的支持作用、建立风险投资机制、依托资本市场和建立中小企业担保机制。

陶瓷产业政策是政府支持陶瓷产业发展的主要工具,在促进陶瓷产业高质量发展中发挥着强有力的宏观调控功能。从政策的文本表述来看,引入金融机构、多元融资、信用信贷体系等是陶瓷产业政策所强调的重点支持领域。

从陶瓷产业出口退税来看,自1985年我国实行出口退税政策以来,陶瓷出口退税率多次下调,而在2008年6月之后又开始连续调高陶瓷出口退税率,其中,建筑卫生陶瓷出口退税率提高至9%,日用陶瓷出口退税率提高至11%,部分陶瓷仿制品出口退税率甚至提高至13%。国家大力支持陶瓷产业走向国际市场,走高质量发展路线,鼓励发展有高技术含量、高附加值的陶瓷产业。从陶

瓷产业的融资环境来看,政府鼓励各地创新投融资环境,实现多元化融资,除了建立融资平台、提供资金支持,还支持陶瓷产业通过银行贷款以及社会资金进行融资。例如:《江西萍乡陶瓷产业基地招商引资实施细则》对投资项目设置准入条件,给予用地优惠和基础设施供应,并建立融资平台,为基地企业提供短期融资支持;《景德镇市人民政府关于印发金融支持陶瓷中小企业转型升级和健康发展指导意见》从融资环境、支持力度、服务质量等六个方面提出金融支持政策,以促进陶瓷企业发展。

国家出台了陶瓷产业授信政策,根据陶瓷企业总体发展状况,对企业进行区分、授信,包括对大型龙头企业和进行产业转型升级的企业大力给予信贷支持,对具有资源优势、人才优势和进行创新创意的企业给予一定政策倾斜。以下归纳了2019年至2021年比较有代表性的陶瓷产业高质量发展金融支持政策,如表6-1所示。

表6-1 陶瓷产业高质量发展金融支持政策

年份	政策文件	政策内容
2019	景德镇国家陶瓷文化传承创新试验区实施方案	(1)加强组织领导。 (2)加大财税支持力度。 (3)拓宽投融资渠道
2021	关于金融支持服务实体经济高质量发展的若干措施	(1)加大信贷支持力度。 (2)优化融资担保体系。 (3)提升资本市场活力。 (4)推动金融服务创新
2021	关于金融支持景德镇国家陶瓷文化传承创新试验区建设举措的通知	(1)推出18条涵盖"项目＋金融"的具体措施,助推金融资源不断向重点领域集聚。 (2)明确提升货币政策工具使用效率,创设"景瓷通""景航通""景微通""景绿通"四类票据融资通道,设立10亿元专项再贴现额度等,全方位、多角度落实金融扶持政策
2021	"十四五"规划	(1)增强金融服务实体经济能力。创新结构性政策工具,引导金融机构加大对重点领域和薄弱环节支持力度,规范发展消费信贷。 (2)促进企业高质量发展

"十四五"规划中提出坚持把发展经济着力点放在实体经济上,加快推进制造强国、质量强国建设,促进先进制造业和现代服务业深度融合,强化基础设施支撑

引领作用,构建实体经济、科技创新、现代金融、人力资源协同发展的现代产业体系。

二、陶瓷产业高质量发展信贷市场支持现状

由于银行信贷的逐利性,陶瓷产业银行信贷主要集中在江西和广东一带,其中,景德镇最为繁荣。全国有多个地区加入金融支持陶瓷产业高质量发展的"洪流",中国银行、建设银行、邮政储蓄银行以及地方性银行等多家银行金融机构为陶瓷企业、工作室、个体等提供资金支持,用银行信贷盘活陶瓷产业。

(一)陶瓷产业贷款余额增长

随着陶瓷产业的发展壮大,各地银行金融机构看到了陶瓷产业的光明前景,为推动陶瓷产业高质量发展,纷纷增加资金投入,陶瓷产业贷款与日俱增、欣欣向荣。据统计,截至2020年9月底,景德镇的11家银行机构为当地的陶瓷产业企业提供超过23亿元的贷款,较2019年底增长36.6%。受到金融支持的相关陶瓷企业近1000家,较2019年底增长84.0%。这既说明越来越多的陶瓷企业享受到了金融支持带来的福利,也说明银行金融机构对陶瓷企业的关怀力度不断加强、产业覆盖面不断拓宽。其中,景德镇农村商业银行就为当地的陶瓷小微企业发放贷款余额超5.7亿元,在全市11家银行机构的陶瓷产业贷款余额中占比达到24.3%,农村商业银行支持陶瓷小微企业的力度之大,表明目前金融机构的信贷力度不断加强。随着景德镇国家陶瓷文化传承创新试验区建设的深入推进,景德镇农村商业银行也在跟进金融产品和金融服务的提量、保质,加大对陶瓷产业的信贷投放力度,形成了相互促进、相得益彰的局面。据中国人民银行景德镇市中心支行统计,2020年3月全市贷款规模首次突破千亿元,10月底贷款余额增至1123.75亿元,同比增长19.46%;1月至10月全市贷款新增171.28亿元,同比增加56.07亿元,贷款增量是去年全年增量的134.91%,贷款新增主要投向推进城镇化及景德镇国家陶瓷文化传承创新试验区建设。从景德镇不断增加的陶瓷产业贷款来看,放眼全国,金融机构对陶瓷产业贷款余额也在不断增加。

(二)政策性银行支持力度增大

政策性银行具有指导性、非营利性和优惠性等特殊性,在贷款规模、期限、利率等方面提供优惠。各地政策性银行正加码、加力布局和畅通陶瓷产业高质量发展的金融支持之路,通过降低利率、降低政府和企业的融资负担,凸显政策性银行的引领性作用。据统计,截至2020年9月底,景德镇市内共有7家银行参与支持

了34个重点项目,贷款余额高达52.35亿元,以支持和推动景德镇国家陶瓷文化传承创新试验区建设。其中,景德镇农业发展银行支持6个重点项目,贷款余额超16.37亿元。此外,景德镇农业发展银行以低于其他商业银行0.2个百分点的优惠利率,在政府融资中发挥重要减负作用。景德镇农业发展银行支持项目的平均贷款利率为4.7%,利息减负约为3200万元。政策性银行的加入一方面显示了陶瓷产业自身发展所具备的优势,另一方面凸显了政府对陶瓷产业发展的信心以及用金融支持推动陶瓷产业走高质量发展道路的决心。金融支持为推动陶瓷产业高质量发展注入了强大动力、创造了多元机遇。

(三)多种合作方式拓宽渠道

除了基础信贷业务,银行等信贷金融机构还通过多种方式加大与陶瓷产业的合作力度。在供给端,银行主动谋求"银政企"发展新格局。中国农业银行以产融对接会为契机,主动对接《景德镇市工业倍增三年行动计划(2021—2023年)》,大力支持陶瓷文化传承创新保护和国家试验区重大项目建设,2021年7月后将为景德镇经济发展提供不低于300亿元的意向信贷支持。中国邮政储蓄银行2019年初至2021年6月累计为景德镇国家陶瓷文化传承创新试验区大型建设项目投放各类贷款近15亿元;对接江西省金融机构支持景德镇国家陶瓷文化传承创新试验区产融对接会确定的8个项目,金额达42亿元;更主动融入景德镇"十四五"发展规划,精准对接景德镇国家陶瓷文化传承创新试验区"两地一中心"战略定位,五年内(2019—2023年)将向景德镇投放不少于100亿元的信贷资金。景德镇农村商业银行支持陶瓷文化传承保护、陶瓷产业发展、陶瓷文化旅游及基础设施配套、陶瓷交流合作等12个项目,为景德镇国家陶瓷文化传承创新试验区建设注入了强大金融动能。银行金融机构的大力支持,为陶瓷产业高质量发展提供了稳定的资金保障。

从近年来陶瓷产业高质量发展信贷市场的相关情况(见表6-2)可以看出,在消费端,许多银行已经开始挖掘陶瓷类金融产品的潜在客户,不断针对性地推出新产品。例如:中国人民银行推出"版权贷""景漂创客贷""陶瓷电商创业贷"等信贷产品,从知识产权、住房、医疗等多渠道支持市民创新创业。农村信用社推出"科贷通""电商贷""流水贷"等信贷产品,从物资抵押缺乏等方面解决陶瓷小微企业的融资困难。此外,农村信用社还推出"创客贷""景漂贷"等信贷产品,从小额资金、个体资金贷款难等方面解决青年群体创业资金需求,自2018年9月至2020年3月,在景德镇累计放贷1256万元,扶持"景漂贷"44户[①]。商业银行建立并完

---

① 数据来源:城市金融网。

善了全方位、立体化的陶瓷金融产品矩阵,在金融支持试验区建设方面不断拓宽广度、增加深度、加大力度。除了陶瓷企业这类资金需求较大的客户,银行金融机构也不断挖掘个体用户。例如:交通银行2018年在全国首发陶瓷文化主题卡并取得较大成功,并以此为媒介,与陶瓷商家展开合作,满足用户的多元化需求;与中国陶瓷艺术大师展开合作,并为其建立个人档案,打造财富管理银行、财务规划银行、金融品牌银行等。还有部分银行通过打造"陶瓷产品+金融"的方式,为客户提供服务。例如,多家银行都采用了积分兑换陶瓷产品、发放优惠券等方式,达到了与客户合作共赢的效果。

表6-2 陶瓷产业高质量发展信贷市场

银行机构	做法及成效
中国农业银行 (2021年)	(1)为景德镇市经济发展提供不低于300亿元的意向信贷支持。 (2)主动对接《景德镇市工业倍增三年行动计划(2021—2023年)》
中国工商银行 (2019年)	(1)针对陶瓷文创企业开展普惠金融服务,在二级分行成立普惠金融事业部或小微金融业务中心,配套专业金融人才。 (2)对于小额普惠贷款业务实行"一站式"服务,简化信贷审核程序和审批时间,做到5个工作日放贷,更好地满足陶瓷文创中小企业"短频急"用款需求
中国建设银行 (2018年)	(1)创新信贷品种,优化抵押模式,提升金融服务,加大对陶瓷业的扶持力度。 (2)面对面解决陶瓷企业的融资难题。 (3)成立专属服务陶瓷文创企业的"陶瓷文化支行"
中国邮政 储蓄银行 (2021年)	(1)发放"小微快贷"800万元,简化贷款手续。 (2)采取"金融+企业+贫困户"的方式将贫困人口纳入劳动合作社,有3000多的贫困人口实现了在家门口就业。 (3)精准对接景德镇国家陶瓷文化传承创新试验区"两地一中心"战略定位
中国银行 (2020年)	(1)推出"陶瓷通宝",向12户陶瓷电商小微企业主累计发放贷款2675万元。 (2)设立首家"陶瓷文化支行",创新推出"陶瓷电商通宝""优质陶瓷企业通宝""文创孵化贷""文创知识贷""文创周转贷"等系列专属产品,全力支持陶瓷产业企业发展。 (3)累计为8家陶瓷企业投放普惠金融贷款6700万元,为企业降低融资成本50多万元,切实解决了企业持续经营发展中的难题

续表

银行机构	做法及成效
交通银行 (2011—2020年)	(1)开发"景瓷贷"金融产品,设立陶瓷金融服务中心,帮助当地陶瓷企业利用商标权质押融资。"景瓷贷"业务已获交通银行3000万元额度授信审批,成为江西首个开发的地方特色商标权质押融资产品。 (2)建立陶瓷艺术大师档案,全力打造陶瓷艺术大师的财富管理银行。 (3)开办了陶瓷回购、陶瓷小微企业应收账款质押贷款等业务,分别给予国家陶瓷艺术大师、省级陶瓷艺术大师100万元和50万元的信用授信额度,帮助部分中青年陶瓷艺术大师解决临时资金困难。 (4)成功发行陶瓷文化主题卡
农村信用社 (2021年)	(1)推出"科贷通""电商贷""流水贷""创客贷""景漂贷"等信贷产品。 (2)实行"阳光办贷"。 (3)取消账户管理费,降低4项收费标准项目,以"诚信续贷通"信贷产品为载体,为符合条件的陶瓷企业办理无息还本续贷业务,减免企业利息,全力降低企业融资成本。 (4)根据陶瓷产业特点,完善贷款利率定价机制,实行利率优惠政策,为其提供量身定制的配套服务
中国人民银行 (2020年)	(1)推出"景漂创客贷""陶瓷电商创业贷""版权贷"等产品,明确提升货币政策工具使用效率,创设"景瓷通""景航通""景微通""景绿通"四类票据融资通道,设立10亿元专项再贴现额度等,全方位、多角度落实金融扶持政策。 (2)中国人民银行景德镇市中心支行牵头印发《关于金融支持景德镇国家陶瓷文化传承创新试验区建设举措的通知》,推出18条涵盖"项目+金融"的具体措施,助推金融资源不断向重点领域集聚。 (3)辖内金融系统积极策应,纷纷打造陶瓷特色支行,在陶瓷行业集聚区为客户提供特色的金融服务
北京银行 (2016年)	(1)针对初创期陶瓷文创企业推出"创业贷""文创普惠贷""文创信保贷"等标准化普惠制融资产品。 (2)针对成长期陶瓷文创企业推出"智权贷"。 (3)针对处于成熟期的陶瓷文创企业推出并购贷款、现金管理、集合票据等特色融资产品

三、陶瓷产业高质量发展债券市场支持现状

债券市场是发行和买卖债券的场所,具有融资功能、资金流动导向功能和宏观调控功能。2010年以来,债券市场得到了迅速发展,中国已成为世界经济大国,投资者的风险能力在不断强化,陶瓷产业债券市场也逐渐形成产业规模。从佛山市的债券发行失败到景德镇陶文旅集团的信用债券火热发行,显示出金融支持陶瓷产业高质量发展的趋势。

2011年,佛山市政府和国家开发银行广东省分行曾计划在佛山众多陶瓷企业中选取50家中小企业捆绑发行债券,预计首单债券发行金额为20亿元,时限3年。然而陶瓷企业纷纷表示不需要,一方面,在政府出台的政策中,债券发行门槛太模糊,条件未细化,大企业表示不差钱,小企业表示选不上;另一方面,考虑到成本与收益原则,中小企业可能会获利,但对于品牌知名度不高和网络渠道不成熟的中小企业来说,扩大终端生产和销售以维持较高的盈利水平是很难的事情。当时,太阳陶瓷、一臣陶瓷、玛卡洛尼陶瓷、燕巢亚泰石砖、诺曼抛晶砖等发展较好的企业均表示暂不会考虑参与。

2017年,国家发展和改革委员会发布了《社会领域产业专项债券发行指引》(以下简称《指引》),为陶瓷文化和陶瓷文创发展提供了便利和优惠。《指引》重点推出文化产业专项债券,陶瓷文化设计和服务产业可以利用自身的文化艺术服务、文化产品设计等生产项目获取商业银行的融资。陶瓷产业可以推进文化服务、文化产品以及文化产业园区的发展,利用陶瓷文化的力量助推产业高质量发展。《指引》还鼓励采取"债贷组合"增信方式,由商业银行进行债券和贷款统筹管理,这是陶瓷文化产业发展的一个契机。

2020年,景德镇国家陶瓷文化传承创新试验区建设也借助了债券市场的支持作用。江西景德镇3家地方融资平台——陶文旅集团、城投集团和国控集团,是景德镇国家陶瓷文化传承创新试验区建设的主心骨,债券融资是该重点项目建设的主要抓手,是确保该重点项目建设融资需求得到满足的核心资金来源。这3家地方融资平台获得了7家商业银行的定向承销,达成了融资保障契约。截至2020年9月,7家商业银行已经承销了各类信用债券81.36亿元。其中,中长期信用债券62.36亿元,占比约为76.6%;短期信用债券19亿元,占比约为23.4%。

国家鼓励商业银行在债券市场支持陶瓷产业高质量发展,从2011年广东佛山的大部分企业对债券的不了解和不参与,到2017年文化领域的债券支持推动产业发展,向陶瓷产业高质量发展迈出了重要一步,再到2020年江西景德镇债券融资的火热推行,商业银行承销地方融资平台信用债券成为陶瓷产业高质量发展

的一大特色。

四、陶瓷产业高质量发展股票市场支持现状

股票市场是股票发行和交易的场所,股份公司通过发行股票可以迅速集中资金,资金盈余者本着财富增值的目的投资股份公司,实现资金流动和匹配。根据发行人条件、监管规则和交易制度等要素的不同,我国股票市场主要可以分为由上海、深圳证券交易所运营的A股市场,由香港证券交易所运营的港股市场,由全国中小企业股份转让系统管辖的"新三板市场",以及由地方区域股权交易中心管辖的"四板市场"。2021年12月31日,在同花顺和东方财富网站检索陶瓷相关企业,主营业务包含陶瓷产品的上市企业主要有49家。多层次的资本市场有利于陶瓷企业获取多元化的融资方式,降低融资风险。因此,许多陶瓷企业为解决资金成本问题而谋求上市。通过上市,陶瓷企业还可以利用声誉为企业创造更大的市场。

陶瓷行业小而散,使得这个行业很难引起资本市场的关注,陶瓷企业如何走向资本市场的问题也亟待解决。近年来,东鹏瓷砖成功登陆香港主板,和欧神诺陶瓷、中窑窑业等陶瓷企业在"新三板市场"成功挂牌,说明了陶瓷行业积极寻求实业经济与金融的融合。对于陶瓷产业的升级过程而言,实现高质量发展需要在环保、技术、资金等方面下足功夫。处在成熟期的陶瓷企业具有低风险、高收益的特点,股票市场领域的支持为这些企业创造了机会。

陶瓷上市企业整体股价水平良好,从同花顺网站公布的数据来看,国防军工领域陶瓷企业股价最高。2021年12月31日,宏达电子股价突破100元,三日平均涨幅为6%;火炬电子股价超过75元,三日平均涨幅为3%。有50%的陶瓷上市企业股价在20元以上,有60%的陶瓷上市企业股价呈现上涨趋势。此外,广东文化长城集团、冠福股份和新亿集团存在退市风险。

图6-1是截至2021年9月30日我国陶瓷上市企业分布图,依据图中显示的数据可知:A股市场是我国现存上市公司数目最多的,也是对金融市场影响最大的股票市场。陶瓷上市企业分布以A股市场为主,一半以上陶瓷上市企业都在深市A股市场,这也说明陶瓷企业从A股市场获取的金融支持最为广泛。陶瓷上市企业在科创板分布最少,仅为6%。但相比A股市场其他行业企业的分布情况,陶瓷上市企业数量较少、规模较小,主要以生益科技、三环集团、国瓷材料等电子陶瓷领域的企业为主。

以A股市场为例,截至2021年9月30日,陶瓷板块总市值达到128.71亿元,平均市盈率达到54.82倍,说明陶瓷产业已经初步形成企业市场集群,具备一

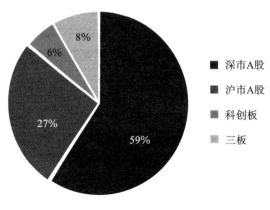

图 6-1　陶瓷上市企业分布

定的市场估值基础。从融资功能来看,A 股市场采用连续竞价和集合竞价交易机制,投资门槛低,资金供给量大,流动性充裕,募股增资效果较好。陶瓷企业通过上市,积累了大量的资本。从公司治理功能来看,一方面,权益融资导致陶瓷企业股权逐渐呈现,有益于促进公司形成完善的治理体系,倒逼企业向高质量发展行进;另一方面,A 股市场严格的信息披露制度准则,有助于投资者了解陶瓷产业,扩大陶瓷产业的知名度和影响力,形成较强的品牌效应。但我国 A 股市场也存在投资者盲目追风、监管失效等问题,一些实力偏弱的陶瓷企业的市值波动较大,融资效果容易受到外部冲击的影响。

第二节　金融支持陶瓷产业高质量发展的问题

陶瓷产业历经千年发展,逐渐出现资源枯竭、创新不足等问题,迫切需要顶层设计支持变革,推动产业形成新发展格局。利用金融支持盘活历史悠久的陶瓷产业,还存在一些待解决的难题。当前,陶瓷产业发展存在金融支持政策有待完善、金融支持体系不健全、信贷供血不足、金融支持力度不均衡等问题。要想祛除陶瓷产业"顽疾",政府、金融机构必须加码加力,企业、个人也需要广泛参与进来。

一、陶瓷产业高质量发展的金融支持政策有待完善

(一)法律制度缺位

无论是地级政府还是县级政府,在信用工程中均有操之过急的问题,没有做

到遵循规律、循序渐进,产业发展所需要的基础设施、公共服务没有与企业和个人需求匹配,税收、保险等企业和个人所高度关心的问题也没有明确解决方案。从立法层面来看,对陶瓷产业的支持大都是由各个地方自行规划的,国家层面的指导性的金融支持陶瓷产业高质量发展的相关政策不足。像景德镇这样的"千年瓷都",由于其历史悠久、陶瓷产业重视程度相对较高,因而能得到政策的关照,而一些小地方就很难形成政策优势了。从税收保险层面来看,较大规模的陶瓷企业更能受到政府关注,享受税收优惠,而保险这一块的税收优惠还是相对空白。陶瓷产业的金融支持政策零散分布于各类综合性产业政策中,未形成金融支持陶瓷产业高质量发展的独立政策文件。

(二)法律条款针对性不足

金融支持政策条款同质化严重,政策力度不强。许多地方性金融支持政策往往是自愿型、鼓励型,对如何利用金融支持陶瓷产业高质量发展没有明确和详细的指导。此外,金融支持政策通常以一次性奖励或补助的形式发放,没有因"企"而异、因"企"制宜。

(三)信息互通平台缺位

政府所创建的"政银企"信息互通平台存在缺位问题,信息反馈不够及时,信息反馈的渠道也不够畅通,使得陶瓷产业高质量发展仍存在较大阻力。一方面,当陶瓷企业出现资金困难等问题时,信息难以向银行等金融机构传递,因而造成资金供应不及时。另一方面,政府、金融机构等搭建了资金平台,但企业接受信息不及时,错过了资金投入的最佳时机,因而造成发展机会流失。

二、陶瓷产业高质量发展的金融支持体系不健全

(一)金融机构数量不足

陶瓷产业高质量发展需要多方力量的协同支持。目前,陶瓷产业的金融支持由政府牵头,各家银行落实。但就现阶段的金融机构支持力度来说,景德镇的金融机构支持力度最大,而那些关注度相对较弱的,尤其是新兴的陶瓷产业园区的金融机构支持力度较小,甚至缺乏提供支持的金融机构。现有的提供支持的金融机构以政策性银行和商业银行为主,主要集中在景德镇、北京、广东等地区,这些地区除了景德镇,大多都是经济发达的省(市)。唐山市政府为陶瓷产业高质量发

展出台的政策,大多是对高新技术企业以及资金流大、实力强的企业进行补贴,少见对中小微企业或是个体工商户的金融支持。而在醴陵、高安、丰城、萍乡等地,几乎找不到提供这样支持的金融机构。

(二)缺乏专门管理机构

金融支持也需强有力的监管。西方发达国家为支持中小企业的发展,往往采用专门管理机构进行监管和服务。而在我国,中小企业服务中心的发展还在探索阶段,部分地区尚未建立中小企业服务体系,只有政策性银行和少量的大型商业银行涉足陶瓷产业高质量发展的金融支持领域。由于宏观管理不足、口径不一,许多陶瓷产业园区还缺乏专门针对中小企业和个人的政策性金融机构,因而融资难的问题仍十分严峻。

(三)营销力量有所不足

由于陶瓷企业大多数是家族企业,很多管理者尚未具备管理现代企业的能力。尤其是一些家庭手工作坊和艺术家工作室,只关注产品本身,金融知识极度缺乏,因而需要金融机构提供专业的金融知识,对金融产品进行宣传,从而带动陶瓷产业高质量发展。但就目前情况来看,以银行为主的金融机构在相关营销人才培养上,还存在或多或少的问题,导致很多从事陶瓷研发、生产、销售的工作室、家庭作坊以及中小企业并不知道有合适的、低成本的融资渠道,从而错失了资金周转、扩大规模、引进新技术等机会。

(四)运行机制不科学

在信贷评估工作中,为了规避风险,尤其是对于陶瓷产业这一类规模相对较小、体量不大、尚不具备应对化解金融风险能力的产业,部分银行等金融机构会使用"一刀切"的工作方法,支持本地那些发展较好的企业,对陶瓷产业却缺乏资金支持,导致区域内实体企业的发展不均衡。具体来说,那些实力较好、资金流相对充裕的实体企业受到了金融机构的"偏爱",甚至出现信贷资金用不完的现象,反倒是急需资金扩大规模、化解风险的小规模企业被资金卡了"脖子",甚至无资金可贷、无银行愿意受理。

(五)缺少金融协同机制

中国各省(市)之间缺乏相应的金融协同机制,各个产瓷区往往各自为战,陶瓷产业区域性金融监管缺失、陶瓷产业协同发展规划机构缺乏,导致各个陶瓷产业园受制于信息不对称的影响,难以发挥区位优势,难以进行分工协同。现有的金融机构在支持陶瓷产业高质量发展时，存在角色缺位、监管不足、支持力度较小、定位不明等问题。目前来说，金融机构往往依托于一定的政府政策，哪里有政策倾斜，资金就向哪里流动，甚至银行金融机构之间还存在过度竞争的情况，出现了金融资金投放失衡的问题。由于过度的逐利倾向，金融资本总是更愿意流向资金周转更快、周转量更大的领域，这也导致了房地产等行业过热而陶瓷产业过冷的现状。当资金集中到某一领域，必然会促进该领域的发展，但同时不可避免地催生了一定的泡沫，提高了实体经济的发展成本，不仅影响陶瓷产业的发展，也影响到整个区域甚至整个经济大环境。陶瓷产业高质量发展不仅需要大量资金支持，更需要社会合理的资金流向。银行金融机构需要相互协调，以最低的金融成本带来陶瓷产业的最大效益发展，促进陶瓷产业的健康良性循环发展。

三、陶瓷产业高质量发展的信贷供血不足

（一）信贷力度和产品广度不够

金融信贷力度不够。银行实施着严格的信贷体系，银行贷款的取得往往需要一定的资产抵押，企业需要提供固定资产、无形资产等抵押证明。但由于目前整体金融环境发展还不成熟，金融体系担保还存在较大风险。为降低这种风险，金融中介机构或担保机构通常只愿意为陶瓷产业企业提供短期融资担保，并要求陶瓷中小企业缴纳高额担保费用，给陶瓷产业企业造成高成本、高负担，降低了陶瓷产业对资金的获取信心，阻遏了陶瓷产业高质量发展的资金通路。此外，文化创意居多的陶瓷企业，更是难以有效获取资金，无形资产偏多，贷款难度更大。景德镇有着较为完备的陶瓷产业园区，从景德镇市政府披露的数据来看，2019年前三季度景德镇市内8家主要银行机构为当地陶瓷产业企业提供超过23亿元的贷款，在全市总贷款余额1288.63亿元中，只占据约1.78%。陶瓷产业作为景德镇的核心产业，仍面临着资金缺口的问题，更何况是唐山、佛山等其他地区的陶瓷产业园区。

金融产品广度不够。金融产品涉及范围较广，但陶瓷产业的金融产品仍以传统的贷款业务为主，期货、期权、担保函仍属于空缺区域。过度依托传统贷款这一单一的融资渠道，对陶瓷产业高质量发展是极其不利的，使得企业发展存在较多不可控因素。由于陶瓷产业的特殊性，艺术品的价值远高于其原材料成本。艺术品估值又无定论，对艺术品价值的评估众说纷纭、因人而异。作为担保抵押重要一块的艺术品尚未形成良性发展。作为艺术品陶瓷的核心产业园区，景德镇仍没有足够的支持力度，更不要说其他产业园区了。

金融服务角色缺位。农村信用社根据陶瓷产业特点,完善贷款利率定价机制,实行利率优惠政策,为其提供量身定制配套服务,实行阳光办贷,促进了金融服务专业化提升,为金融支持陶瓷产业发展迈出了重要的一步。但从整体情况来看,金融服务目前无法满足陶瓷产业高质量发展的需求,相关政策解读的缺失使得许多陶瓷企业并不知道自己可以获取优惠贷款、享受政策福利,许多陶瓷企业也不知道如何选择适合本企业的金融产品。此外,选择了金融信贷的陶瓷企业得不到配套服务和后期保障,必然使得陶瓷企业对金融支持的信任度和积极性降低。

(二)信贷覆盖面狭窄

陶瓷中小企业信贷覆盖面狭窄。银行信贷往往倾向于资金流较大、周转较快的大中型企业,虽然国家鼓励、支持银行向中小企业倾斜,但银行的落实力度不大、落实积极性不高。官方数据显示,2012年景德镇市获得贷款的陶瓷中小企业仅为1016家,仅占当地陶瓷企业总数的1/3。近几年,陶瓷中小企业数量井喷式增加,然而银行等金融机构依然倾向于大中型企业,中小企业信贷覆盖面仍没有实质性增加。此外,在唐山、佛山等其他地区,信贷覆盖率更是不尽如人意。

个体工商户信贷覆盖面同样狭窄。我国的陶瓷产业集聚了大量的家庭手工作坊、工作室和家族企业,主要岗位由家族成员担任,他们对现代企业的管理制度、现代社会的金融体系知之甚少。大量以家庭为核心的生产单位往往对大规模的融资不感兴趣,对银行提供的各种贷款便利、福利政策更是不会问津。银行金融机构对这类群体也没有采取相应措施,如金融咨询服务、理财管理服务等,使得他们一直处于信贷覆盖面以外。

(三)银行信贷投放积极性不高

从银行的盈利性和风险规避的角度来看,商业银行对陶瓷产业的信贷投放和利率优惠的提供仍不积极。在景德镇国家陶瓷文化传承创新试验区重点项目中,有不少商业银行积极响应政府融资需求,发放了低利率贷款,为政府减轻了利息负担,但商业银行对其他陶瓷中小企业和个体工商户信贷投放的积极性依旧不高。此外,在景德镇国家陶瓷文化传承创新试验区重点项目中,仍以公益性项目为主,不适用于商业开发。

个体工商户抗风险能力普遍较低,尤其是"景漂族""创业族",这类群体规模较大,风险承担能力极低,给银行等金融机构带来较大的不可控性。再加上由于地方融资平台所提供的利率优惠,以及贷款、债券等融资所产生的机会成本和风险只能由银行进行内部消化,无法从中央银行和政府部门处获取有效的风险补偿。这种金融支持模式的弊端不可避免地带来银行信贷投放积极性不高等现实问题。

四、陶瓷产业高质量发展的金融支持力度不均衡

(一)金融支持主体和投放对象不均衡

1. 信贷支持主体分布不均衡

从目前的金融支持的主体来看,是以中国农业发展银行这类政策性银行为主,以中国工商银行、中国银行、中国建设银行等大型国有银行和地方性商业银行为辅。然而,除了中国农业发展银行,资金流充裕的国有银行在陶瓷产业高质量发展的金融支持中没有发挥出比较优势,未起到带头作用和支柱作用,反而是资金相对较少、抗风险能力相对较弱的地方性商业银行发挥了更大作用。从景德镇国家陶瓷文化传承创新试验区重点项目来看,2020年,在信贷规模总体缩减背景下,中国农业发展银行贷款显著增加,贷款增幅高于中国工商银行、中国农业银行等其余6家银行。在金融支持陶瓷产业高质量发展中,产生了种种问题,银行信贷供给不均衡削弱了金融支持陶瓷产业高质量发展的建设成效。

2. 贷款投放的对象不均衡

从金融支持的受众群体来看,那些从事高新技术陶瓷研发以及日用陶瓷、建筑陶瓷等陶瓷制造的大型陶瓷企业更能够拿到低利率贷款,享受到金融支持的优惠政策。而对于陶瓷销售、文化创作类的陶瓷企业来说,贷款难度普遍更大。手工作坊和工作室则难以拿到贷款。在商业模式竞争和技术研发创新中发展起来的陶瓷中小企业才是陶瓷产业高质量发展的中坚力量,它们代表了陶瓷产业的未来走向,却在资金获取环节捉襟见肘。相对于陶瓷中小企业,大型陶瓷企业往往可以很轻松地获取资金。从2019—2021年的融资情况来看,规模大往往意味着融资数额大、融资难度小。2019年新明珠陶瓷与加华资本签订股权投资协议,获得加华资本3.63亿元融资;2020年5G陶瓷介质滤波器研发生产商协诚五金宣布完成5000万元A轮融资,投资方包括相城金控、苏州国发创投、致道资本等,公司投后估值达3.6亿元;2021年全球领先特种陶瓷企业Ceram Tec获得来自加拿大养老金计划投资委员会的8亿欧元投资。这种贷款的集中性,加剧了其他陶瓷企业平均贷款额度降低。从产业园区角度来看,景德镇凭借自身"千年瓷都"的历史优势,文化产业资源颇具优势,受到顶层设计的倾斜。佛山和潮州由于地处广东,经济发达,城市红利较多。相比醴陵、宜兴、禹州等地,佛山和潮州由于产业发展的历史积累,产业规模相对较大,更容易受到当地政府的关注,更便于享受金融服

务体系和金融产业政策带来的区位优势。从银行金融机构的信贷支持和资金专项补助来看,目前银行金融机构提供的金融支持主要面向景德镇国家陶瓷文化传承创新试验区建设,而对小型产业园区,几乎没有支持其发展壮大的政策和产品。

(二)重点项目融资难度加剧

陶瓷产业重点项目融资难度日益加剧。其一,重点项目往往意味着建设周期更长、风险更大、资金需求更高。一些实力不强的融资平台主要通过政府拨款、银行贷款和债券融资获取资金,资金存量有限,隐形债务压力较大,不能有效满足重点项目的资金需求。其二,资金是有限度的。目前大量资金向陶瓷中小企业和个体倾斜,而这种资金分散投放会导致银行等金融机构难以为重点项目筹措足够规模的资金。

第三节 金融支持陶瓷产业高质量发展的效率评价

金融支持陶瓷产业高质量发展不只是单方面的因素产生作用,而是多因素综合作用的结果。对投入和产出的指标进行合理的筛选,可以增加数据结果的可信度。所以,必须要进行全面的考虑,依据上市公司的特点决定投入和产出,构建金融支持效率评价模型。

一、金融支持指标

(一)投入指标

产业高质量发展的金融支持主要源自银行信贷、股票融资、债券融资和风投融资,其中,陶瓷产业的金融支持以银行信贷和股权融资为主,陶瓷产业的金融支持效率包括资金筹集效率和资金配置效率。基于此,根据陶瓷上市企业的资金来源,选择流通股比例、资产负债率作为投入指标,衡量陶瓷产业股权融资、债权融资的投入强度。

(二)产出指标

国内学术界对于金融支持影响实体经济发展的效率的产出指标的选择并无明确的定论。本研究参考李艳丽等的研究,产出指标主要选择营业利润率、每股收益、净资产收益率、总资产周转率、营业收入增长率和净利润增长率等来衡量金融支持对陶瓷企业盈利能力和经营效率等的影响。

以下整理出各细分指标的含义及计算方式,如表 6-3 所示。

表 6-3 金融支持指标类型及其计算方式

指标类型	细分指标	指标含义	指标计算
投入指标	流通股比例	代表企业的股权融资对陶瓷产业的投入强度	流通股市值/总市值
	资产负债率	代表企业的债权融资对陶瓷产业的投入强度	负债总额/资产总额
产出指标	营业利润率	代表企业的盈利状况	营业利润/营业收入
	每股收益	代表企业的股票水平和企业业绩	净利润/实收资本
	净资产收益率	代表企业的盈利状况	净利润/股东权益平均余额
	总资产周转率	代表企业的经营状况	营业收入/平均资产余额
	营业收入增长率	代表企业的发展能力	(营业收入本年期末余额－本年期初余额)/营业收入本年期初余额
	净利润增长率	代表企业的发展能力	(净利润本年期末余额－本年期初余额)/净利润本年期初余额

二、基于 DEA 模型的效率评价方法

(一)DEA 模型

DEA 模型包含固定规模报酬模型和可变规模报酬模型。用固定规模报酬模型能够得到综合技术效率,并进行全面的效率评价。用可变规模报酬模型可以得到纯技术效率、规模效率等,在一定的程度上对企业技术水平、经营管理、生产规模等进行效率分析,得到全面客观的评价。

设有 n 个决策单元；λ_i 为第 i 个决策单元的权重；X_i 和 Y_i 分别为第 i 个决策单元投入和产出要素向量，$\sum_{i=1}^{n} X_i = X_0$，$\sum_{i=1}^{n} Y_i = Y_0$；m 和 s 分别为投入和产出指标的数量；$\hat{e}$ 和 e 分别为元素为 1 的 m 维向量和 s 维向量；ε 为非阿基米德无穷小；s^+ 和 s^- 分别为投入和产出指标的松弛变量。

1.假设规模报酬不变(CRS)

假设规模报酬不变(CRS)，可以构建以下 CCR 模型。

$$\min[\theta - \varepsilon(\hat{e}^T s^- + e^T s^+)]$$

$$\text{s.t.} \sum_{i=1}^{n} X_i \lambda_i + s^- = \theta X_0$$

$$\sum_{i=1}^{n} Y_i \lambda_i - s^+ = Y_0$$

$$\lambda_i \geqslant 0, \quad s^- \geqslant 0, \quad s^+ \geqslant 0$$

其中，$\theta(0 < \theta \leqslant 1)$ 为决策单元的综合技术效率(TE)。当 $s^+ = s^- = 0$，且 $\theta = 1$ 时，表明决策单元 DEA 有效；当 s^+、s^- 不全为 0，且 $\theta = 1$ 时，表明决策单元 DEA 弱有效；当 $\theta < 1$ 时，表明决策单元 DEA 无效。

2.假设规模报酬可变(VRS)

假设规模报酬可变(VRS)，在 CCR 模型的约束条件中加入凸性假设 $\sum_{i=1}^{n} \lambda_i = 1$，则 CCR 模型可以转化为 BCC 模型。

$$\min[\theta_b - \varepsilon(\hat{e}^T s^- + e^T s^+)]$$

$$\text{s.t.} \sum_{i=1}^{n} X_i \lambda_i + s^- = \theta_b X_0$$

$$\sum_{i=1}^{n} Y_i \lambda_i - s^+ = Y_0$$

$$\sum_{i=1}^{n} \lambda_i = 1$$

$$\lambda_i \geqslant 0, \quad s^- \geqslant 0, \quad s^+ \geqslant 0$$

其中，$\theta_b(0 < \theta_b \leqslant 1)$ 为决策单元的纯技术效率(PTE)，有 $\theta_b \geqslant \theta$。根据 SE=TE/PTE 可以求出规模效率(SE)，有 $0 < \text{SE} \leqslant 1$。

(二)Malmquist 指数模型

DEA-BCC 模型只能对同一时期不同决策单元的效率值进行静态比较，无法测度不同时期效率值的动态变化。而 Malmquist 指数模型可以比较样本数据在不同时期发生的变化，很好地弥补静态 DEA 模型这一缺陷。增加 Malmquist 指数分析可使 DEA 模型的效率测度结果更加客观、全面。Malmquist 指数构建主要是在距离函数的基础上,用数据对所有的生产要素进行相关计算。在投入问题方面的研究,Malmquist 指数的应用比较多,领域也比较广。

在规模报酬不变(CRS)假设下,将 Malmquist 指数,即全要素生产率变动指数(TFP)分解为技术效率变动指数(EFF)和技术进步变动指数(TEC);又在规模报酬可变(VRS)假设下,将技术效率变动指数(EFF)进一步分解为纯技术效率变动指数(PE)和规模效率变动指数(SE)。

设 (x_t, y_t) 表示第 t 期的投入与产出,(x_{t+1}, y_{t+1}) 表示第 $t+1$ 期的投入与产出,$D^t(x_t, y_t)$ 和 $D^{t+1}(x_{t+1}, y_{t+1})$ 分别为以 t 时期和 $t+1$ 时期技术为参照的产出距离函数。则 Malmquist 指数关系为:

全要素生产率变动指数(TFP)=技术效率变动指数(EFF)×技术进步变动指数(TEC)

技术效率变动指数(EFF)=纯技术效率变动指数(PE)×规模效率变动指数(SE)

全要素变动=纯技术效率变动指数(PE)×规模效率变动指数(SE)×技术进步变动指数(TEC)

TFP 为全要素生产率变动指数,TFP≥1 代表从 t 时期到 $t+1$ 时期生产水平提升,反之则降低。

EFF 为技术效率变动指数。

PE 为纯技术效率变动指数,也表示管理水平的变动影响。PE≥1 代表管理水平相比之前有一定进步,生产效率也有一定提升。PE≤1 代表管理水平退步。

SE 为规模效率变动指数,反映企业生产状态。SE≥1 代表企业处于最佳生产状态。

TEC 为技术进步变动指数,反映技术能力。TEC≥1 代表从 t 时期到 $t+1$ 时期存在技术创新。

DEA 模型对数据有非负性要求。因为一些关键的指数很可能有负值现象,导致最终的结果并不准确,测度无效。所以,需要对所有的数据进行标准化处理后,再进行统一整理。具体公式如下:

$$Y = 0.1 + 0.9 \times \frac{X - X_{\min}}{X_{\max} - X_{\min}} \tag{6-1}$$

其中,X 表示原始数据,$X_{\min}$ 表示该变量的最小值,$X_{\max}$ 表示该变量的最大值,Y 表示目标数据结果。最先得出来的数据在经过处理之后,数值都在[0,1],符合 DEA 模型的数据要求。

三、实证分析过程

本研究的实证部分首先从国泰安数据库中抽取 34 家主营业务收入为陶瓷的上市公司,运用 DEA 模型对样本公司进行综合性分析,得到相关数据结果。随后,利用 Malmquist 指数模型得出技术进步变动指数、规模效率变动指数,进而探究金融支持陶瓷行业上市公司高质量发展的情况。

(一)样本选取与数据来源

为了真实地反映金融支持陶瓷产业高质量发展的效率,本研究以 2017—2020 年的上市企业为研究样本,指标来源于同花顺、国泰安数据库。对数据进行整理后,使用 DEAP2.1 软件进行测度。

(二)静态分析

此次静态分析主要借助模型进行数据计算,通过上文创建的金融支持指标体系,将筛选出来的 34 家陶瓷上市企业的数据进行计算。选取 2017 年到 2020 年共 4 年的数据,数据来源于国泰安数据库以及各上市公司所公布的年度报告,采用 DEAP2.1 软件进行求解。根据 BCC 模型计算得出陶瓷行业上市公司融资的综合技术效率(TE)、纯技术效率(PTE)以及规模效率(SE)情况,结合样本公司效率结果对样本公司的融资效率进行分析,详见表 6-4。

表 6-4 34 家陶瓷行业样本公司的融资效率测算结果

公司名称	2017 年			2018 年			2019 年			2020 年		
	TE 综合技术效率	PTE 纯技术效率	SE 规模效率	TE 综合技术效率	PTE 纯技术效率	SE 规模效率	TE 综合技术效率	PTE 纯技术效率	SE 规模效率	TE 综合技术效率	PTE 纯技术效率	SE 规模效率
南玻 A	1.000	1.000	1.000	0.992	1.000	0.992	0.994	0.995	0.999	1.000	1.000	1.000
风华高科	1.000	1.000	1.000	1.000	1.000	1.000	1.000	1.000	1.000	0.955	0.979	0.975
苏泊尔	1.000	1.000	1.000	1.000	1.000	1.000	1.000	1.000	1.000	1.000	1.000	1.000
海鸥住工	1.000	1.000	1.000	0.810	0.992	0.816	0.891	1.000	0.891	0.873	1.000	0.873
鲁阳节能	1.000	1.000	1.000	1.000	1.000	1.000	0.898	1.000	0.898	0.927	1.000	0.927

续表

公司名称	2017年			2018年			2019年			2020年		
	TE 综合技术效率	PTE 纯技术效率	SE 规模效率	TE 综合技术效率	PTE 纯技术效率	SE 规模效率	TE 综合技术效率	PTE 纯技术效率	SE 规模效率	TE 综合技术效率	PTE 纯技术效率	SE 规模效率
悦心健康	0.998	1.000	0.998	0.998	1.000	0.999	1.000	1.000	1.000	1.000	1.000	1.000
东方锆业	1.000	1.000	1.000	1.000	1.000	1.000	0.829	0.929	0.893	1.000	1.000	1.000
北京利尔	1.000	1.000	1.000	1.000	1.000	1.000	1.000	1.000	1.000	1.000	1.000	1.000
天际股份	1.000	1.000	1.000	0.879	1.000	0.879	0.707	0.991	0.713	0.714	0.992	0.719
帝欧家居	1.000	1.000	1.000	1.000	1.000	1.000	0.750	1.000	0.750	0.689	1.000	0.689
蒙娜丽莎	1.000	1.000	1.000	0.967	1.000	0.967	0.966	1.000	0.966	0.983	1.000	0.983
金利华电	1.000	1.000	1.000	0.817	0.817	1.000	1.000	1.000	1.000	0.771	0.877	0.879
金力泰	0.980	0.997	0.983	0.992	0.997	0.995	1.000	1.000	1.000	1.000	1.000	1.000
开尔新材	1.000	1.000	1.000	1.000	1.000	1.000	1.000	1.000	1.000	0.895	1.000	0.895
国瓷材料	1.000	1.000	1.000	1.000	1.000	1.000	0.924	0.999	0.925	1.000	1.000	1.000
迪森股份	1.000	1.000	1.000	1.000	1.000	1.000	1.000	1.000	1.000	1.000	1.000	1.000
天孚通信	1.000	1.000	1.000	1.000	1.000	1.000	0.816	0.999	0.816	0.977	1.000	0.977
三环集团	1.000	1.000	1.000	0.982	1.000	0.982	0.993	1.000	0.993	1.000	1.000	1.000
道氏技术	1.000	1.000	1.000	1.000	1.000	1.000	1.000	1.000	1.000	1.000	1.000	1.000
太辰光	1.000	1.000	1.000	1.000	1.000	1.000	1.000	1.000	1.000	1.000	1.000	1.000

续表

公司名称	2017年			2018年			2019年			2020年		
	TE 综合技术效率	PTE 纯技术效率	SE 规模效率	TE 综合技术效率	PTE 纯技术效率	SE 规模效率	TE 综合技术效率	PTE 纯技术效率	SE 规模效率	TE 综合技术效率	PTE 纯技术效率	SE 规模效率
金太阳	1.000	1.000	1.000	1.000	1.000	1.000	1.000	1.000	1.000	0.662	1.000	0.662
久吾高科	1.000	1.000	1.000	0.903	1.000	0.903	0.624	1.000	0.624	0.762	1.000	0.762
太龙股份	1.000	1.000	1.000	1.000	1.000	1.000	0.895	1.000	0.895	0.794	1.000	0.794
宏达电子	1.000	1.000	1.000	1.000	1.000	1.000	0.837	1.000	0.837	0.452	1.000	0.452
华升股份	1.000	1.000	1.000	1.000	1.000	1.000	0.992	0.992	1.000	1.000	1.000	1.000
生益科技	1.000	1.000	1.000	0.994	0.994	1.000	1.000	1.000	1.000	1.000	1.000	1.000
江泉实业	1.000	1.000	1.000	0.994	0.994	1.000	1.000	1.000	1.000	1.000	1.000	1.000
宝光股份	1.000	1.000	1.000	1.000	1.000	1.000	1.000	1.000	1.000	1.000	1.000	1.000
科达制造	1.000	1.000	1.000	0.901	0.962	0.937	0.926	0.988	0.937	1.000	1.000	1.000
国睿科技	1.000	1.000	1.000	0.874	0.975	0.897	0.887	0.975	0.910	1.000	1.000	1.000
松发股份	1.000	1.000	1.000	0.921	0.999	0.922	0.985	1.000	0.985	1.000	1.000	1.000
惠达卫浴	1.000	1.000	1.000	0.959	0.995	0.964	1.000	1.000	1.000	0.818	0.997	0.821
火炬电子	1.000	1.000	1.000	0.989	1.000	0.989	0.910	0.997	0.912	0.890	1.000	0.890
四通股份	1.000	1.000	1.000	0.957	1.000	0.957	0.774	1.000	0.774	0.557	0.971	0.573
均值	0.999	1.000	0.999	0.969	0.992	0.976	0.929	0.996	0.933	0.904	0.995	0.908

根据表 6-4 的数据可以得出:2017 年至 2020 年的综合技术效率均值分别为 0.999、0.969、0.929、0.904;纯技术效率均值分别为 1.000、0.992、0.996、0.995;规模效率均值分别为 0.999、0.976、0.933、0.908。从数据中很明显地看出整体融资效率呈下降趋势,但趋势不明显,整体水平很高。通过实证分析结果可以得出:2017 年真正能够实现 DEA 有效的企业数量为 32 家,2018 年下降至 17 家,2019 年下降至 15 家,2020 年又增长至 18 家。DEA 无效的企业数量增多,说明我国仍有多数陶瓷上市公司的金融支持高质量发展效率值不太理想,对金融支持资源的利用水平下降。

(三)动态分析

本研究运用 DEAP2.1 软件结合 2017—2020 年陶瓷行业上市公司的融资效率进行 Malmquist 指数测算,以得到各年间融资效率的变动情况。测得的 Malmquist 指数均值变动情况(见表 6-5)及其分解结果(见表 6-6)如下。

表 6-5　2017—2020 年陶瓷行业上市公司融资效率的 Malmquist 指数均值变动情况

时间段	技术效率变动指数	技术进步变动指数	纯技术效率变动指数	规模效率变动指数	全要素生产率变动指数
2017—2018 年	1.209	0.760	0.976	1.238	0.919
2018—2019 年	1.100	0.850	1.014	1.084	0.935
2019—2020 年	1.271	0.753	0.985	1.290	0.957

从表 6-5 中可以看出,2017 年至 2020 年各年间陶瓷行业上市公司融资效率的技术效率变动指数均值分别为 1.209、1.100、1.271;技术进步变动指数均值分别为 0.760、0.850、0.753;纯技术效率变动指数均值分别为 0.976、1.014、0.985;规模效率变动指数均值分别为 1.238、1.084、1.290;全要素生产率变动指数均值分别为 0.919、0.935、0.957。

从各年间的变化来看,样本在观测期的技术效率变动指数均值和规模效率变动指数均值呈先减后增的趋势,技术进步变动指数均值和纯技术效率变动指数均值呈先增后减的趋势,全要素生产率变动指数均值呈稳步增长的趋势。

表 6-6　34 家陶瓷行业样本公司的融资效率的 Malmquist 指数测算分解结果

公司名称	2017—2018 年					2018—2019 年					2019—2020 年				
	EFF 技术效率变动指数	TEC 技术进步变动指数	PE 纯技术效率变动指数	SE 规模效率变动指数	TFP 全要素生产率变动指数	EFF 技术效率变动指数	TEC 技术进步变动指数	PE 纯技术效率变动指数	SE 规模效率变动指数	TFP 全要素生产率变动指数	EFF 技术效率变动指数	TEC 技术进步变动指数	PE 纯技术效率变动指数	SE 规模效率变动指数	TFP 全要素生产率变动指数
南玻 A	1.386	0.716	0.969	1.431	0.993	1.078	0.955	1.024	1.053	1.030	1.802	0.617	0.983	1.833	1.111
风华高科	1.711	0.900	1.000	1.711	1.541	1.022	0.818	0.958	1.066	0.836	1.016	0.787	0.995	1.021	0.800
苏泊尔	1.536	0.677	1.000	1.536	1.040	1.000	0.955	1.000	1.000	0.955	1.000	0.888	1.000	1.000	0.888
海鸥住工	0.841	0.826	0.969	0.868	0.695	1.073	0.950	1.056	1.016	1.020	1.330	0.726	0.960	1.385	0.965
鲁阳节能	1.157	0.783	0.978	1.182	0.906	0.978	0.904	1.006	0.971	0.884	1.311	0.768	0.982	1.334	1.006
悦心健康	1.540	0.644	0.980	1.571	0.992	1.093	0.934	1.027	1.064	1.021	1.644	0.604	0.966	1.701	0.993
东方锆业	1.904	0.518	1.024	1.860	0.986	0.926	0.927	0.892	1.038	0.859	2.092	0.703	1.073	1.950	1.471
北京利尔	1.974	0.640	0.996	1.982	1.264	1.110	0.949	1.009	1.100	1.053	1.509	0.665	0.981	1.538	1.003
天际股份	0.868	0.806	1.032	0.842	0.700	0.921	0.842	0.949	0.970	0.775	1.096	0.903	0.970	1.130	0.989
帝欧家居	1.752	1.030	1.018	1.721	1.805	0.777	0.410	1.000	0.777	0.319	1.118	0.756	0.968	1.155	0.845
蒙娜丽莎	0.965	0.696	0.981	0.983	0.671	1.309	0.753	1.019	1.285	0.986	0.985	0.713	0.986	0.999	0.703

续表

公司名称	2017—2018 年					2018—2019 年					2019—2020 年				
	EFF 技术效率变动指数	TEC 技术进步变动指数	PE 纯技术效率变动指数	SE 规模效率变动指数	TFP 全要素生产率变动指数	EFF 技术效率变动指数	TEC 技术进步变动指数	PE 纯技术效率变动指数	SE 规模效率变动指数	TFP 全要素生产率变动指数	EFF 技术效率变动指数	TEC 技术进步变动指数	PE 纯技术效率变动指数	SE 规模效率变动指数	TFP 全要素生产率变动指数
金利华电	1.107	0.693	0.778	1.422	0.767	1.415	0.975	1.286	1.100	1.380	1.304	0.555	0.858	1.519	0.724
金力泰	1.253	0.900	0.976	1.284	1.128	1.254	0.852	1.063	1.180	1.069	0.987	0.830	0.965	1.023	0.819
开尔新材	1.116	0.811	0.967	1.154	0.905	1.400	0.838	1.110	1.261	1.173	1.109	0.627	0.959	1.156	0.695
国瓷材料	1.581	0.868	1.000	1.581	1.373	1.332	0.780	0.986	1.351	1.039	1.437	0.889	1.014	1.418	1.278
迪森股份	1.663	0.550	0.961	1.729	0.915	1.019	0.917	1.000	1.020	0.935	1.436	0.671	0.972	1.478	0.964
天孚通信	0.970	0.956	1.000	0.970	0.927	1.145	0.770	1.000	1.145	0.882	1.067	0.992	1.000	1.067	1.058
三环集团	1.219	0.934	1.000	1.219	1.139	1.578	0.770	0.996	1.584	1.215	1.113	0.972	1.004	1.108	1.082
道氏技术	1.965	0.555	0.980	2.006	1.090	0.879	0.789	0.959	0.916	0.694	1.556	0.692	1.011	1.540	1.077
太辰光	1.111	0.892	0.995	1.117	0.991	1.325	0.861	1.022	1.297	1.141	1.016	0.995	1.000	1.016	1.010
金太阳	1.257	0.654	0.972	1.292	0.822	0.967	0.939	1.028	0.941	0.908	1.071	0.668	0.962	1.114	0.715
久吾高科	1.037	0.566	0.972	1.067	0.587	1.066	0.916	1.016	1.049	0.976	1.214	0.690	0.986	1.232	0.838
太龙股份	1.180	0.560	0.976	1.208	0.661	1.158	0.790	1.010	1.147	0.914	1.256	0.761	1.023	1.227	0.956

续表

公司名称	2017—2018年					2018—2019年					2019—2020年				
	EFF 技术效率变动指数	TEC 技术进步变动指数	PE 纯技术效率变动指数	SE 规模效率变动指数	TFP 全要素生产率变动指数	EFF 技术效率变动指数	TEC 技术进步变动指数	PE 纯技术效率变动指数	SE 规模效率变动指数	TFP 全要素生产率变动指数	EFF 技术效率变动指数	TEC 技术进步变动指数	PE 纯技术效率变动指数	SE 规模效率变动指数	TFP 全要素生产率变动指数
宏达电子	1.000	0.614	1.000	1.000	0.614	1.000	0.877	1.000	1.000	0.877	1.000	0.640	1.000	1.000	0.640
华升股份	1.646	0.876	1.007	1.634	1.442	1.110	0.876	0.978	1.134	0.972	1.003	0.765	1.016	0.987	0.767
生益科技	1.315	0.774	0.972	1.353	1.018	1.186	0.938	1.025	1.158	1.112	1.200	0.764	0.978	1.227	0.916
江泉实业	0.976	0.958	1.000	0.976	0.934	0.912	0.810	0.972	0.938	0.739	1.124	1.117	1.028	1.093	1.255
宝光股份	0.979	0.900	0.976	1.003	0.881	1.185	0.852	1.011	1.172	1.010	1.047	0.893	0.989	1.059	0.935
科达制造	1.321	0.655	0.923	1.431	0.865	1.183	0.903	1.054	1.123	1.069	1.719	0.664	0.985	1.745	1.142
国睿科技	0.977	0.769	0.965	1.012	0.751	1.147	0.854	1.024	1.120	0.980	3.099	0.769	1.042	2.975	2.384
松发股份	1.061	0.599	0.964	1.101	0.636	1.106	0.927	1.011	1.093	1.025	1.770	0.620	0.968	1.830	1.098
惠达卫浴	0.914	0.721	0.964	0.947	0.659	1.132	0.893	1.030	1.099	1.010	1.043	0.707	0.962	1.084	0.737
火炬电子	1.001	0.833	0.989	1.012	0.835	1.137	0.852	1.015	1.120	0.969	1.317	0.757	0.990	1.331	0.997
四通股份	1.049	0.860	0.985	1.065	0.902	0.883	0.837	1.007	0.877	0.739	1.060	0.767	0.949	1.118	0.814
均值	1.209	0.760	0.976	1.238	0.919	1.100	0.850	1.014	1.084	0.935	1.271	0.753	0.985	1.290	0.957

综上所述,虽然陶瓷行业上市公司从 2017 年至 2020 年在生产要素等方面的发展大都处于一个上升的走势,但是如果对每一年进行具体的分析就会发现,其实每一年的发展都十分不稳定。目前我国金融支持陶瓷行业没有得到充分的重视,因而加强金融支持陶瓷产业高质量发展迫在眉睫,要从信贷资金、股票融资、债券融资等方面入手。

第七章 金融支持陶瓷产业高质量发展的国内外实践经验借鉴

陶瓷产业在国内外研究的侧重点不同：国外学者的研究关注陶瓷材料的结构或是陶瓷生产的工业条件；国内学者一部分关注陶瓷材料的优化，一部分关注陶瓷产业的经济效益。近年来，国内学者提出的"高质量发展"的概念，将陶瓷产业的新发展推向了另一个高潮，陶瓷产业发展的重点从高产出向高质量转变。

现阶段国内陶瓷产业的高质量发展离不开金融支持。金融支持是为了满足产业或地区的发展需求，政府依托金融机构和非金融机构制定的一些措施，包括银行业信贷、利率调整、风险担保等。

本章的内容共分为四节：由于国外金融支持陶瓷产业高质量发展的资料较少，也不全面，故第一、第二节以美国和日本文化产业的金融支持为实践借鉴，从资本市场结构、财政投入、行业融资等方面分析两国的金融支持；第三节介绍我国佛山市、醴陵市、德化县陶瓷产业金融支持的实践经验；第四节在对比国内外文化产业金融支持和总结国内产瓷区金融支持的基础上，吸收借鉴对景德镇陶瓷产业高质量发展有利的经验。

第一节 美国金融支持文化产业发展的实践经验

美国的资本市场已经有200多年的发展历史，尽管它的发展历程远慢于欧洲各资本主义国家，但是美国的金融市场结构依旧是全球金融市场结构中最为完善的。美国的金融体系包含了银行金融机构、非银行金融机构、其他金融机构、政府专业信贷机构和证券交易所，在数次金融危机的冲击下，如今拥有居世界第一的金融机构数量和全球资金流向的吸引力。美国完备的、多层次的资本市场、财政政策，以及金融支持文化产业的发展，不仅为美国其他产业的发展提供了许多宝贵的经验，也为我国陶瓷产业的发展提供了宝贵的经验。

一、美国金融体系及其市场结构

(一) 美国的银行金融机构

美国银行业的发展经历了一个漫长而曲折的过程。早在17世纪,英国殖民者为了解决移民者的货币短缺问题,于1791年在费城成立了具有中央性质的银行——第一合众国银行。此外,为了应对棉花和铁路收益下滑的危机,美国政府在1864年成立国民银行。至此,美国形成了独特的"二元"银行机制,一种是受严格管制的联邦政府机构联邦银行下的国民银行,另一种是管制宽松的受州政府机构的银行法规限制的州银行。美国银行业200多年的发展,经历了爆发、破产、再萌发等过程,经历了分业、合业、再分业等经营模式,最终形成了如今的布局。

(二) 美国的非银行金融机构

美国的非银行金融机构在金融市场结构上主要分为三类:存款类金融机构、投资类金融机构、保险公司和养老金。美国金融市场的银行金融机构和非银行金融机构的存在都是为了整合资金,二者之间竞争又互补的关系更好地促进经济持续稳定地发展。

美国的证券市场为产业的融资提供了金融帮助。1790年,美国第一家交易所费城证券交易所成立于费城,经营政府债券等业务。20多年后纽约证券交易委员会成立,1863年更名为"纽约证券交易所"。之后美国证券交易所和纳斯达克证券交易所先后成立。美国资本市场以股票市场的多发战略为主体,吸引了通信设备产业、家电产业、汽车产业等进入债券市场,推动了美国的非银行金融机构的繁荣发展。

二、美国金融支持文化产业发展的实践经验

(一) 多层次资本市场满足文化产业的融资需要

美国是市场主导型的资本主义国家,拥有完备的资本市场体系,包含纽约证券交易所、纳斯达克证券交易所、场外交易市场。每个交易所或场外交易市场对应不同发展阶段文化产业企业的发展,多层次的市场融资体系、完善的管理机制为文化产业及其他产业的发展和技术创新提供了强有力的资金支持。

1. 债券市场

美国的债券市场包含联邦政府债券、联邦机构债券、扬基债券、州政府债券、公司债券。公司债券是文化产业融资的常用手段。

2. 股票市场

美国的股票市场是全球交易量极大的股票市场,包括全国性证券交易所和场外交易市场。全国性证券交易所包含纽约证券交易所、美国证券交易所。场外交易市场也称电子柜台交易市场,如纳斯达克市场,专为一些未达到上市条件的中小微企业提供融资渠道。场外交易市场交易门槛低、交易手续简单、交易费用低这些优点,很好地满足了中小企业融资的需要,为中小企业发展成大企业提供金融支持的有利条件,也吸引了大批文化企业在美国的股票市场上市与融资。

3. 粉红单市场(PSM)

粉红单市场由美国国家报价机构设立,是一家为未上市的企业提供报价和其他服务,以及为想上市的企业或退市的证券企业提供包括证券信息、证券报价等金融服务的机构。粉红单市场大大提高了股票市场的效率,在粉红单市场交易不需要提供公司财务报表和其他财务信息,对初创型企业和中小企业的帮助极大,能有效地帮助这类企业度过资金不足、融资困难的时期。

美国的资本市场为文化产业的发展提供了多种多样的融资渠道和方式,不同的交易市场满足不同发展阶段的企业。相较于其他国家的资本市场,美国的多层次资本市场对文化产业及其他产业的发展的促进作用表现为以下两个方面。

第一,美国的多层次资本市场降低了融资的难度,增加了资金流动性。美国的商业银行与其他金融机构为文化产业提供贷款后,可为未上市的文化企业提供挂牌股票交易,吸引民间投资,降低因资金不足而提前破产并退出市场的风险。

第二,美国的多层次资本市场有完善的退出机制。文化产业具有投资周期长、收益高的特点。通过市场运作,文化产业中的初创企业获得风险投资资金,顺利渡过资金短缺的时期,并在成功获得利润后退出,完成风险投资的风险转移。

(二)美国政府对文化产业的财政支持

1. 立法保障

美国政府高度重视文化产业的版权,先后颁布了《版权法》《反盗版法案》《禁止网络盗版法案》《跨世纪数字版权法》等法案。严格的法律条例保障了文化产业的权益,提高了文化产业知识产权、商标权、设计权益等方面的竞争力和保护力,为文化产业的创新与发展提供了有利的法律途径和源源不断的创造力。

2. 财政支出

除了立法保障文化产业的版权,美国政府还通过制定各种政策支持文化产业的发展。例如,美国政府设立文化艺术理事会,负责制定政策、审批项目拨款、监督资金使用情况,协调民间文化艺术机构的活动等。美国政府对文化产业的拨款力度强、拨款额度大,帮助盈利能力弱的文化产业建立良好的发展环境,有利于整个文化产业的良性发展。

3. 税收优惠

美国政府对文化产业实行免税和减税政策,对支持公共文化产业的企业给予一定的税收优惠,对向公共事业捐赠的企业和个人减免税收。例如,对博物馆、剧院等非营利性文化机构实行免征税政策,并对赞助支持公共事业发展的企业和个人降低所得税。税收政策根据不同时期的经济状况进行调整,极大程度上保障了美国文化产业的发展,激励了企业向文化产业捐赠的积极性。

(三)其他融资方式

1. 国外投资

美国政府文化产业对国外投资者并没有设定投资数额,鼓励国外投资者通过投资文化产业获利。美国文化产业的高回报率和高效的投资环境吸引了日本、英国等国家的大型跨国公司的资金投入。如美国的电影行业一直是暴利行业的代表,早期投资《蝙蝠侠》《蜘蛛侠》《复仇者联盟》等电影的国外投资者都收到了不错的回报。美国文化产业的投资环境和投资回报吸引了源源不断的投资者,坚定了他们的投资决心,提升了国外资本涌入市场的活跃性。

2. 社会捐赠

美国政府规定捐赠可以减免税收,任何企业、个人都可向文化产业捐赠。这样的环境培养了美国社会捐赠的习惯和氛围。捐赠者既可以在捐赠品上署名,提升社会声誉,又可在捐赠会上寻找潜在客户,这样浓厚的捐赠氛围使得美国的文化产业长期以来有着来自社会的融资。

第二节 日本金融支持文化产业发展的实践经验

日本的文化产业在全球市场上居于不可小觑的地位,动漫行业是其文化产业的一个典型,在全球市场上有极高的地位。日本政府在第二次世界大战后重塑经济的黄金期,稳抓经济,调整产业政策、行业政策,赶超同时期我国文化产业的发展。日本对文化产业的金融支持和帮扶可以为我国陶瓷产业的高质量发展提供参考和借鉴。

一、日本金融体系及其市场结构

（一）银行体系

第二次世界大战后日本经济重塑,银行和企业之间存在强力的金融关系。日本政府在借鉴资本主义国家银行体系的基础上,创立了属于日本的银行体系。日本于1876年成立三井银行,又于6年后成立日本银行,即日本的中央银行。自此之后,战后经济的发展使日本各种大大小小的银行喷涌而出。经过政府的严格管控和资本市场的淘汰,形成了以中央银行和其他大型银行为主、其他中小银行为辅的银行体系。

（二）证券市场

日本的金融市场以银行为主导,但随着政府的管制放松和资本市场的完善,证券市场的发展迎来了转机。日本的金融市场起源于明治维新时期,在1878年成立了东京证券交易所和大阪证券交易所,经营股票和债券业务。在1970年以前,日本将发展重心放在了银行上,所以证券市场发展比较缓慢。直到1975年,日本政府开始大批量发行国债,证券市场才得以抓住机会取得发展。日本如今拥有东京、大阪、名古屋、京都、广岛、福冈、新潟、札幌八大证券交易所,债券的经营范围主要包括国债、地方债、公司债、担保债等,股票的经营范围主要包括公司上市的投融资和股票买卖。

（三）外汇市场

日本的外汇市场主要集中在东京和大阪。在1980年以前日本对外汇市场进行严格的控制,在1986年以后日本离岸金融市场建立,外汇交易量大幅上涨,主要的交易币种是日元和美元。东京外汇市场经过长时间的发展,成为亚洲乃至全球的重要外汇市场,产生极大的影响力。

日本金融体系的银行管控力度大于美国,但是美国市场的资本结构和灵活性优于日本。同样,繁荣资本市场体系为发展文化产业提供了不一样的思路。

二、日本金融支持文化产业发展的实践经验

（一）日本金融机构对文化产业的支持

1.资本市场为文化产业提供融资

日本通过多层次的资本市场满足处于不同阶段、不同层次的文化产业的融资

需求,这样的融资方式是由日本的金融体系决定的。日本的银行业以中央银行为主导,在商业银行以及其他政策性银行共同作用下形成。在投资中,一般为银行业金融机构向文化产业提供直接融资,其他金融机构向文化产业提供间接融资。

2. 知识产权证券化

日本文化产业将知识产权作为一种原始资本,通过企业运作将知识产权证券化,从而获得融资资本。知识产权包括商标权、设计权、专利权等,这些知识产权由政府成立的知识产权管理机构进行专门管理。若拥有知识产权的企业提出知识产权证券化,将由知识产权管理机构承担担保责任。并且日本政府会成立专业的知识产权运作企业,帮助其将知识产权转变为资本。日本这种独特的知识产权融资方式,是将预期产生的资金以证券的形式返还给知识产权拥有者,合理地帮助文化企业解决资金短缺或是急需现金流的融资困难。

(二)日本政府对文化产业的财政支持

1. 成立基金会

日本的文化产业发展于20世纪90年代,日本政府制定了一系列政策措施以扶持文化产业。此外,日本于1990年成立了文化艺术振兴基金会,主要职责是指导文化产业的创作和提供项目资金支持。对文化产业有推进作用的个人和企业都可向其寻求建议和资金支持。其中,日本政府的出资比例大约占70%,因此,文化艺术振兴基金会由日本政府主导。设立该基金会的主要目的是由日本政府对文化产业以及相关产业提供政策性引导和金融支持,以促进文化的繁荣发展。

2. 税收政策

日本政府同美国政府一样实行税收优惠政策,对文化产业实行减税制度。日本政府对文化产业提供资金的企业实行税收减免或资金鼓励,鼓励民间对文化产业进行捐献,对提供资助和捐赠的企业降低征税额度。此外,日本政府推行文化享受卡,以刺激国内文化产品的消费需求。

(三)其他融资——行业协会渠道融资为文化产业提供资金支持

日本区别于其他国家的一点是强调行业协会的作用。日本很多有名的企业通过举办各种文化节来融资,这样不仅能提升知名度,宣传行业协会的主旨,还能吸引民间投资。

在日本,不同行业会形成不同的行业协会,行业协会由多个制作商组成委员会,通过委员会提供资金来发展文化产业,行业协会成员共享投资利益、分担投资风险。动漫行业中行业协会的作用比较典型:日本的动漫出品需要多个企业共同出资,如由玩具企业、广告公司、动画设计企业等共同融资。不同类别的行业共同投资不仅可以降低投资风险,而且能协调各成员之间的作用,还可以避免资金链断裂造成的停产。此外,在发行动漫作品后,依据投资比例分配利润。

第三节　中国金融支持陶瓷产业发展的实践经验

我国各地陶瓷产业的发展路线不同,如景德镇市以日用瓷、艺术瓷为主,佛山市以建筑陶瓷为主。各产瓷区的政策、金融支持、规模都会影响到陶瓷产业的发展,本研究以佛山市、醴陵市、德化县为例,分析三个产瓷区的陶瓷产业的金融支持情况,为景德镇市陶瓷产业振兴和高质量发展提供参考和借鉴。

一、广东省佛山市金融支持陶瓷产业发展的实践经验

佛山市以从意大利引入第一条建筑陶瓷生产线为契机,抓住了改革开放带来的发展机遇。经过几十年的发展,陶瓷产业已经成为当地经济的支柱产业之一。并且知名陶瓷品牌如箭牌、蒙娜丽莎等不断涌现,在打响了"佛山陶瓷"这一招牌的同时,也为当地的相关行业从业者提供了大量的就业岗位。

(一)佛山市陶瓷产业金融机构支持

1. 银行业加大陶瓷产业贷款力度

(1)中国民生银行。

佛山市陶瓷行业协会协同中国民生银行佛山支行(以下简称:民生银行)于2012年12月举行融资推介会,意图为佛山市多家陶瓷企业传授融资知识、搭建融资渠道,并拟成立佛山市陶瓷行业商业合作社。此合作社宣称可以为加入的陶瓷企业提供无担保贷款120万元,贷款利率低于8%,略高于其他商业银行的普通贷款利率、低于一般小额贷款公司的贷款利率。在合作社申请贷款,银行审批通过后,企业最快在7天内收到贷款资金。

截至2013年底,民生银行为佛山市陶瓷产业审批并发放贷款40亿元。在实践中,民生银行发现授信额度不足以满足整个佛山市的陶瓷产业的需求,打算向总部申请将45亿元的授信额度提升为60亿元至80亿元的区间,另外向总部申请10亿元的项目基金用以支持陶瓷企业的技术研发。

从2012年到2022年,民生银行在几年的尝试中设立专项贷款、专业贷款银行,为佛山市陶瓷企业提供金融支持和金融帮助。

(2)浦发银行。

根据百度百科浦发银行发布的信息数据,浦发银行佛山分行于2020年7月向陶瓷产业提供40亿元的"绿色能源贷"。此贷款项目的10亿元用于支持佛山市陶瓷产业"煤改气"工作中的节能改造、管网建设等固定资产投资,其余30亿元用于支持陶瓷企业支付燃气款。浦发银行此次的贷款先用后结算,无须陶瓷企业提供贷款担保。

(3)其他银行。

佛山市其他银行业也逐渐加大贷款额度以满足陶瓷产业高质量发展的需要,如放宽贷款条件、加大贷款额度等。

2. 基金行业为陶瓷产业提供转型升级资金

(1)科技型企业信贷风险补偿基金。

科技型企业信贷风险补偿基金于2014年在佛山市禅城区成立,广东中盈盛达融资担保投资股份有限公司以及中国银行、华夏银行、中国交通银行等11家银行与此基金进行合作。截至2020年9月,该基金总规模为4000万元,累计为530家科技型企业提供增信服务,帮助企业获得贷款26.22亿元,为企业贴息303.61万元,补贴担保费154.48万元,此项基金的设立发挥了极强的贷款和担保效应。

(2)供给侧结构性改革基金。

供给侧结构性改革基金是广东省的一项专门扶持陶瓷产业深入开展供给侧结构性改革的基金,此基金在2017年12月向佛山众陶联供应链服务有限公司提供2000万元的资金帮扶,首次尝试支持陶瓷企业开展整合产业链、降低供应成本的改革。为促进佛山市陶瓷企业开展产业链整合,专门设立总规模5亿元的供给侧结构性改革基金。

(3)制造业转型发展基金。

2020年佛山市政府牵头,与深圳市创新投资集团有限公司、国家级基金、全国社保基金联合设立制造业转型发展基金。重点在于支持和推动佛山市先进制造业、信息技术行业、电力装备行业等的转型升级,此项基金的设立为陶瓷产业转型发展提供了新机遇。

(4)其他发展基金。

佛山市其他基金也逐渐与陶瓷产业进行深度合作,提供融资支持和金融服务,如推出"科技贷""技改贷""高新贷""电商贷""上市贷""政采贷"等具有特色的金融产品,帮助陶瓷产业获得资金。

3. 佛山科技金融综合服务中心为陶瓷产业定制发展策略

佛山科技金融综合服务中心成立于2014年7月22日,主体客户是佛山市陶瓷学会的成员,该学会由近100个团体成员组成,涵盖了各类陶瓷企业。

佛山科技金融综合服务中心为陶瓷产业提供专业的服务,为佛山市的陶瓷产业搭建合作平台,帮助企业获取发展资金、政府项目扶持以及资格认证。此外,佛山科技金融综合服务中心将为佛山市陶瓷学会提供相关的项目建设信息。如果提供的项目建设信息满足陶瓷学会的发展要求,陶瓷学会将选择优先与科技金融综合服务中心合作。双方依据协会成员的实际情况灵活选择合作方式,为彼此提供最优的合作条件,保证陶瓷产业的良性循环发展。

(二)佛山市陶瓷产业财政支持

1. 支持陶瓷产业上市融资

佛山市财政局大力支持陶瓷产业上市挂牌,鼓励陶瓷企业利用资本市场进行融资,遵循"一企业一政策"的原则为企业提供上市扶持,如制订上市计划、提供信息资讯、提供资金支持,具体奖励标准如表7-1所示。

表7-1 佛山市陶瓷企业融资额度奖励标准

陶瓷企业发展情况	融资额度/亿元	奖励标准/万元
上市辅导期	—	10
首次发行股票上市	≤2	30
	2—4	50
	≥4	80
上市企业(新股、配股、可转换股等)	≤2	20
	2—4	40
	≥4	60
企业工商注册地迁入佛山市		30—60

数据来源:根据佛山市政府官方文件整理。

2. 设立专项资金补贴陶瓷产业

佛山市财政局除了对陶瓷企业提供上市支持外,对在陶瓷产业生产、产业升级、技术创新等方面有一定改进和创新的企业给予补贴和项目基金支持,对申报清洁生产且表现突出的企业进行表彰和奖励,对获得省级节能减排项目的企业给予资金配套支持,对实现关键技术攻关的企业项目给予科技专项资金、产学研资金支持。

(三)佛山市政府引导措施

1. 合理规划陶瓷产能

在陶瓷产能方面,佛山市政府进行了合理的规划。第一,加大对陶瓷产业节能减排、绿色生产的监督,陶瓷产业生态化发展是未来的趋势;第二,为陶瓷企业提供关于陶瓷产业品牌建设、企业上市,以及陶瓷产业办展等多方面的支持和指导;第三,鼓励陶瓷企业发展高端建筑卫生陶瓷、陈设艺术陶瓷、特种陶瓷等生产线,研发新型陶瓷设备、陶瓷釉料等;第四,实施陶瓷产业用地优惠政策,将陶瓷产业工业用地优先纳入全市企业用地分配计划,通过招标的方式为陶瓷企业提供一部分用地指标。

2. 完善设施建设

在设施方面,佛山市政府重视质检和其他配套服务设施的配置。第一,佛山海关、佛山出入境检验检疫局等机关单位为简化陶瓷产品检验步骤,在陶瓷产业总部基地开设检验送检服务站。第二,鼓励有实验室的陶瓷企业与国外认证机构合作开展建筑卫生陶瓷的相关研究以及分包认证业务。第三,鼓励国内外陶瓷企业在佛山市设立采购中心、研发中心、检测中心、中介服务中心、培训中心、会展商务中心、物流中心等一系列综合试验区,逐步完善、提高陶瓷产业的综合服务功能,打造"生产—检验—销售"一体化机制。

3. 加大人才培养力度

在人才方面,加大对佛山市陶瓷产业人才引进和培养力度,完善各层次人才培训体系。佛山市政府与陶瓷企业开通绿色通道,实行人才优先保障制度,接收拥有陶瓷产业专业知识的技能人才。相关部门应重点关注陶瓷企业的用人需求和陶瓷行业人才的就业需求:一要加大陶瓷产业对陶瓷工艺美术大师的引进力度以及对管理、研发、销售等方面的人才引进力度;二要做好与有关高等院校和人力资源输出地区的合作,直接与开设陶瓷专业的高校对接,为佛山市陶瓷产业吸收和培养紧缺人才。

二、湖南省醴陵市金融支持陶瓷产业发展的实践经验

醴陵市同景德镇市、德化县合称为中国"三大古瓷都"。醴陵市已有近2000年的制瓷历史,醴陵釉下五彩瓷、红瓷在国际上享有很高的声誉,销往100多个国家,深受世界人民的喜爱。醴陵市拥有较为完备的陶瓷产业链,制作陶瓷种类包括日用陶瓷、工业陶瓷、陈设艺术陶瓷等。根据湖南省人民政府发布的数据,截至2021年底,醴陵市有陶瓷企业650家,2021年陶瓷产业创产值约740亿元。

(一)醴陵市陶瓷产业金融机构支持

醴陵市金融机构为陶瓷产业提供融资的方式主要表现为银行业设立陶瓷金融产品和贷款项目。

1. 中国农业银行

中国农业银行湖南省分行在醴陵市政府的指导下成立了以下陶瓷专项贷款项目：

①为醴陵市民营陶瓷企业提供"湘瓷贷"。

②为陶瓷个体工商户以及微型企业提供"微捷贷"。

③为核心企业上游供应商提供"云链保理"。

④为陶瓷出口贸易企业提供"湘汇贷"。

⑤为陶瓷企业购买或建造厂房提供"厂房贷"。

⑥为资金需求小、用款灵活的小微企业提供"微易贷"。

各陶瓷专项贷款项目经过实践后取得显著的成果：截至 2019 年底,中国农业银行醴陵市支行已为醴陵市 15 家陶瓷企业发放"湘瓷贷"1.24 亿元；走访名单内无贷小微企业 267 家,成功挖掘首贷小微企业 81 家,确保了超过 30% 的首贷企业获得信贷支持；全口径小微企业贷款发放利率为 6.35%,较 2019 年初下降 9 个基点。其他的陶瓷专项贷款项目成就如累计达成"订单贷"1000 万元、"流水贷"850 万元、"陶瓷贷"6.07 亿元。

2. 农村商业银行

农村商业银行湖南省分行(以下简称:农商行)为醴陵市陶瓷企业设立了一些不需要提供抵押的专项贷款：

①只要年纳税额达到标准的企业便可享受"税银通"贷款服务。

②针对醴陵市陶瓷产业的小微企业的融资需求,推出"流水贷""订单贷""陶瓷贷"等信贷产品,支持陶瓷产业的小微企业复工、复产和稳定发展。

农商行自 2018 年推出"陶瓷贷"以来,截至 2022 年 7 月底,累计为陶瓷全产业链上下游企业投放各类贷款 684 亿元,累计支持重点项目 86 个,服务陶瓷产业链上下游企业 427 家。

(二)醴陵市陶瓷产业财政支持

1. 退税补贴

2017 年醴陵市发布了《关于加快产业突围的实施意见》文件,提出有关陶瓷产业的 10 条发展建议,包括退税补贴、促进品牌建设、鼓励企业并购重组以及与旅游产业合力打造陶瓷生态旅游产业等措施。

(1)补贴。

在人才引进方面,醴陵市给予引进人才购房补贴、提供子女就业帮助,给予认定的陶瓷工艺美术大师补贴 5 万元到 390 万元不等。在企业创新升级方面,对于满足技术认定的企业按照级别奖励 3 万元到 200 万元不等,对购入智能化设备的企业给予相应补贴。此外,对达到行业内名牌标准的企业给予1万元到10万元不等,每次对参加展览会的企业给予相应比例的展费补贴等。

(2)税务减免。

上半年缴税在100万元到1亿元区间且当年纳税增长率在40%到10%之间的企业,享受新增税收地方留成部分的10%;对季度平均贷款增额达到200万元以上且当年纳税100万元以上的陶瓷产业,按照同期贷款基准利率的30%进行贴息;对陶瓷产业中的龙头企业并购重组过程中涉及资产过户应缴纳的相关税费,税收按地方留成部分的80%、行政事业性收费按本级财政留成部分的100%补贴给企业,服务性收费按最低标准的30%收取。

2. 外汇支持

自2020年新冠肺炎疫情以来,醴陵市一些陶瓷出口企业受到严重影响,出口订单大幅度减少。为解决汇率变动对陶瓷出口的影响,国家外汇管理局醴陵支局(以下简称:外汇局)提供专业知识帮助陶瓷企业规避汇率波动的风险。外汇局多次实地走访陶瓷出口企业,线上通过微信群、QQ群宣传外汇人民币结算的优点,线下多次在中国进出口商品交易会、展会上普及跨境业务知识,指导企业正确使用人民币结算。此外,外汇局协同商务、银行、海关、企业等多方关系,建立外汇业务群,开辟外汇绿色通道,成功帮助醴陵市三成陶瓷企业渡过外汇难关。

(三)醴陵市政府引导措施

1. 利用电商平台拓宽陶瓷销售渠道

为应对国内陶瓷产业日趋同质化的困境,醴陵市政府另辟蹊径,与陶瓷企业合作拓展电商销售路径。醴陵市政府抓住电商快速发展的时机,与阿里巴巴、京东等电商平台合作开通销售渠道,与快手、抖音等短视频平台签署直播协议,将网络引入陶瓷产业发展,以直播的形式销售陶瓷。

2. 打造陶瓷特色文化旅游

除了开辟电商销售路径,醴陵市政府鼓励陶瓷企业创建文化旅游品牌,开办特色旅游项目。将陶瓷产业链中的特色项目开办为旅游景区,如开放窑址参观,开办陶瓷博物馆、陶瓷制作体验区。将陶瓷与生态旅游结合,配套齐全的设施,即拥有博物馆、星级酒店、特色餐饮、旅游集散服务中心等旅游配套服务设施,形成集陶瓷交易、陶瓷研发、旅游购物、陶瓷文化体验于一体的特色文旅品牌。

三、福建省德化县金融支持陶瓷产业发展的实践经验

德化县是中国"三大古瓷都"之一,1996年被国务院发展研究中心命名为"中

国陶瓷之乡"，2015年被世界手工艺理事会授予"世界陶瓷之都"的称号。德化陶瓷最早制作于石器时代，后沿着"海上丝绸之路"和马可波罗环游世界的航线被带往世界各地，以其"乳白"为特色。不仅是器物本身，德化陶瓷的制瓷技艺同样享誉世界，为中外文化交流做出了突出贡献。

截至2022年6月，德化县有陶瓷企业3000多家，从事陶瓷相关行业人员10万余人，陶瓷品牌价值超1000亿元，是极大的工艺陶瓷生产和出口基地、国家级出口陶瓷示范区等。

（一）德化县陶瓷产业金融机构支持

德化县金融机构为陶瓷产业提供融资的方式主要表现为银行业定制金融服务产品。

1. 小微企业特定金融产品

德化县陶瓷产业小微企业较多，较易面临银行贷款到期但资金未回笼、金融机构贷款手续繁杂且等待时间长的难题。为解决德化县陶瓷产业小微企业资金周转的难题，各银行业金融机构推行专项贷款规模支持德化县陶瓷企业，在贷款利率、使用期限、审批效率等方面给予优惠倾斜，例如：

①确保陶瓷产业贷款增量不低于去年同期水平。

②推行特定金融产品，如"无间贷""连连贷""扩产贷""技改贷""大师贷"等金融产品。

③鼓励金融机构在德化县设立分支机构，综合运用信贷、投资、发债等融资方式，支持陶瓷产业搭建研发、设计、创意、电商等公共服务平台。

2. 特色金融产品推行成果

自德化县推行一系列陶瓷金融产品之后，针对陶瓷产业开发的金融产品将源源不断地助推德化县陶瓷产业转型升级。推行的金融产品在一段时间内取得了一些较为不错的成果，例如：

①截至2015年5月底，中国建设银行泉州市分行已为德化县27家陶瓷艺术大师企业授信3940万元，为24家陶瓷艺术大师企业发放贷款2985万元。

②2021年初农村商业银行德化县支行与德化县瓷艺城签署协议，对瓷艺城提供2亿元综合授信，重点支持入驻瓷艺城的陶瓷经营商户，提供小额贷款等短期融资服务，为商户解决融资难的问题。

③截至2022年6月底，中国人民银行德化县支行联合德化农村信用合作联社，共向德化县新秀园区陶瓷企业贷款44家，金额5220.25万元，其中，支农再贷款7家，金额为1104.73万元，相较于其他贷款产品，利率优惠0.8个百分点，为企业主每年节省利息支出9万余元。

(二)德化县陶瓷产业财政支持

1. 推出奖励措施

近年来,德化县委、县政府积极采取措施,扮好为企业服务的角色,致力打造"中国瓷都·德化"区域品牌,扶持陶瓷产业发展,通过出台生产高档日用瓷企业购买设备补贴、标准化厂房建设补贴、陶瓷泥料加工专业化、标准化、规模化生产奖励资金等相应的措施,扶持陶瓷出口企业发展,支持企业克服困难,鼓励企业进一步开拓国内外市场。德化县陶瓷企业争创知名品牌的具体奖励标准如表7-2所示。

表7-2 德化县陶瓷企业奖励标准

品牌类型	品牌名称	奖励标准/万元
国际	国际知名品牌	8
	马德里商标国际注册	10
	国际标准贡献奖	20
	地理标准证明商标	2
国家级	中国驰名商标	100
	中国标准创新贡献奖	5
	中华老字号	20
	中国陶瓷行业品牌	10
省级	福建省政府质量奖	30
	福建名牌产品	5
	福建省著名商标	5
	福建老字号	5
	福建省标准贡献奖	4

数据来源:根据泉州市政府官方文件整理。

2. 给予人才补贴

2021年11月,德化县推出"十四五"期间人才优惠系列政策,实施大学生"汇德"工程,给予来德化县工作的大学毕业生生活补贴1万元至20万元不等,以及提供子女上学、假期旅游等服务保障。另外,德化县于2021年出台引进高端人才(团队)"一事一议"管理规定,对初次来德化县的工业设计"大咖"、国内外艺术名家、科研领军人物、营销大师、策划大师和其他高端人才(团队)给予用地、工作经费、生活补贴、住房保障、子女入学、医疗保健、休假疗养、税收优惠等政策支持。

(三)德化县政府引导措施

1. 调整产业结构

面对德化县陶瓷产业出口失衡的问题,为调整陶瓷产业出口产品结构,促进陶瓷产业结构优化,增强本地陶瓷企业的国际竞争力,德化县政府积极引导陶瓷企业进行产品研发。近年来,在德化县政府的支持下,德化县陶瓷企业相继研发出各种新型陶瓷材料、陶瓷品种,如红壤陶、釉下彩精陶、轻质陶瓷、稀土生态陶瓷、精密陶瓷等。经过数十年的努力,德化县陶瓷如今在国际陶瓷市场上占有一席之地,形成集传统瓷雕、西洋工艺瓷、日用瓷等1万多个出口品种于一体的陶瓷产业格局。

2. 打造品牌效应

为提升区域陶瓷品牌效应,打造区域陶瓷明星产品,德化县政府鼓励和引导中小企业与陶瓷龙头企业形成区域联盟,在陶瓷生产、创作方面进行分工协作,实现资源、技术互补,充分发挥陶瓷龙头企业产品研发、物流配送、品牌营销等优势,带动中小企业协同合作,达到延伸产业链的目的。在市场竞争上,陶瓷龙头企业抢占高利润市场,为中小企业留下中、低端市场生存空间,达到区域内陶瓷产业合作互利、增效双赢的局面。

另外,德化县政府提供专项资金以建设交易平台和开展峰会,组织大型经贸活动和陶瓷专题展会,促进"德化陶瓷""德化瓷雕""德化玉瓷"等区域品牌的推广,拓展国内外市场以提升品牌知名度。

第四节 启 示

一、政府的政策引导在产业融资中发挥指导作用

从美国、日本的文化产业的金融支持实践经验以及我国佛山市、醴陵市、德化县陶瓷产业的金融支持实践经验来看,国外以及我国各个地区的政府均通过政策、法律引导产业的融资,为产业的发展做规划。因此,景德镇陶瓷产业想要抓住高质量发展的机遇,政府应当充分重视陶瓷产业的发展,积极发挥调控作用,通过制定有利于陶瓷产业发展的财政、金融、产业等方面的各项政策,为陶瓷企业的发展提供财政支持、政策优惠、人才保障。

二、完善信用担保体系及放宽贷款限制

陶瓷产业由于规模小、信用低、风险大等问题,很难从商业银行获得贷款,导致一些资金需求量大且有潜力的优质陶瓷企业面临融资难的问题,最终导致项目失败。纵观我国陶瓷产业比较发达的地区,银行业的金融支持都是必不可少的。佛山市、德化县两地的银行为陶瓷产业设立专项贷款,为陶瓷初创企业、小微企业放松贷款限制。完善的产业信用担保体系以及宽松的贷款制度都将有利于陶瓷产业的进一步发展,为处于发展中的企业提供资金支持的同时,也分散了银行体系放贷的风险。

三、建立多层次的资本市场

美国和日本文化产业的融资方式可分为直接融资和间接融资。通过发达的资本市场进行直接融资,是一些发达国家和地区的文化产业获得资金的重要渠道。我国不少学者将陶瓷产业的部分文化创意视为陶瓷文化创意,并发表了相关论文、出版了相关专著。因而本研究在讨论陶瓷产业的高质量发展时,浅显地借鉴了发达国家文化产业的资本市场的发展经验。我国中央政府以及各地方政府应当建立包括主板、中小板、创业板的场内市场以及包括全国股转系统和地方区域性市场的场外市场,形成场内市场与场外市场互为补充的多层次资本市场。另外,应该在不同层次的资本市场之间建立转板、退市机制,并充分重视风险投资的作用。形成发达的资本市场有利于解决陶瓷产业融资难、资金周转难的问题。

四、制定陶瓷产业的退税政策和人才引进制度

从美国和日本的文化产业发展情况来看,退税政策在产业发展中的积极作用是不可小觑的,退税政策可以帮助激发企业发展的积极性。政府要鼓励民间资本投资,积极引导民间资本进入陶瓷产业。同时,政府应该制定相应的退税政策并针对不同的陶瓷企业的不同发展阶段设定不同的退税比例,从而利用资本投资对企业的研发和创新进行支持。此外,景德镇市政府应该加大人才引进力度,给予人才相应的补贴和奖励。

第八章 江西景德镇陶瓷产业高质量发展的路径探索

第一节 江西景德镇陶瓷产业发展现状

景德镇制瓷业"始于汉室"。在五代时,最早烧制白瓷及白瓷的较高成就奠定了景德镇的地位。在明清时期,景德镇制瓷水平居于业内领先的地位。经过几千年的发展,景德镇成为"世界瓷都",形成以陈设艺术陶瓷为主,日用陶瓷、建筑陶瓷等为辅的制瓷局面。近年来,景德镇陶瓷总产值保持稳定增长,给景德镇陶瓷产业高质量发展带来了转机。

一、景德镇陶瓷产业

(一)景德镇陶瓷工业总产值

根据相关资料显示,景德镇陶瓷产业GDP从2010年到2019年逐年增加。从2010年到2019年,陶瓷工业总产值从160.2亿元增长为423.0亿元,翻了1.6倍,陶瓷工业总产值占GDP的比值从34.7%增长到45.7%。陶瓷产业在景德镇经济发展中占据越来越重要的地位,为景德镇的经济带来巨大的发展效益,具体数据见表8-1。

表8-1 2010—2020年陶瓷工业总产值及其占GDP的比值

年份	陶瓷工业总产值/亿元	GDP/亿元	陶瓷工业总产值占GDP的比值/(%)
2010	160.2	461.5	34.7
2011	192.6	564.7	34.1
2012	214.9	628.3	34.2
2013	249.3	683.7	36.5
2014	291.6	738.2	39.5

续表

年份	陶瓷工业总产值/亿元	GDP/亿元	陶瓷工业总产值占GDP的比值/(%)
2015	335.0	772.1	43.4
2016	366.7	840.2	43.6
2017	372.0	878.3	42.4
2018	403.6	819.9	49.2
2019	423.0	926.1	45.7
2020	432.0	1102.31	39.2

数据来源：根据景德镇市统计局官方文件整理。

（二）当代景德镇主要陶瓷种类

景德镇陶瓷历史悠久，声明远扬。景德镇早在明代就成为陶瓷重镇，创作了众多陶瓷作品，给世界陶瓷史增添光辉灿烂的记录。近代以来，景德镇以丰富的陶瓷资源闻名海内外。自2009年起，景德镇全方位调整陶瓷产业结构，重点建设陶瓷产业园区，与国家项目平台合作打造以高科技陶瓷为核心竞争力的产业布局。经过10多年发展，至2021年，景德镇陶瓷种类呈现以日用陶瓷和陈设艺术陶瓷为主体、建筑卫生陶瓷为补充的陶瓷发展格局。2021年景德镇陶瓷产品分类统计情况如下表8-2所示。

表8-2　2021年景德镇陶瓷产品分类统计表

指标名称		2021年实际/亿元	去年同期/亿元	同比增长/(%)
陶瓷工业总产值		516.00	432.00	19.44
按产品种类结构分类	日用陶瓷	165.48	120.18	37.69
	先进陶瓷	49.23	45.46	8.29
	陈设艺术陶瓷	185.17	173.26	6.87
	建筑卫生陶瓷	74.45	61.91	20.26
	陶瓷辅助材料	41.67	31.19	33.60

数据来源：根据景德镇市瓷局官方文件整理。

1.日用陶瓷

景德镇的日用陶瓷在宋朝就有了发展雏形，经过数百年的积淀，景德镇现代日用陶瓷有了新的发展趋势。20世纪50年代，景德镇主要生产"经济、适用、美观"的日用陶瓷。而后全国的日用陶瓷发展迅猛，景德镇日用陶瓷的发展陷入了短暂的困境。直到进入21世纪景德镇赶上时代潮流，建设陶瓷科技园，鼓励打造个人工作室与手工作坊,景德镇日用陶瓷的发展迎来了新的高潮。景德镇的日用陶瓷经过上千摄氏度的高温烧制而成,呈现出白度高、透明度好、耐磨损、强度高、瓷质细腻、釉面光亮平整且永不褪色、耐骤冷骤热的特点,是我国日用陶瓷中的极品瓷。

2. 陈设艺术陶瓷

景德镇的艺术陶瓷历史悠久,早在宋代景德镇生产的带有装饰图案的陶瓷已闻名海内外,奠定了景德镇"瓷都"的地位。当代艺术陶瓷行业在 20 世纪 90 年代迎来了新风尚,各大国有瓷厂纷纷改革为私有企业,各手工作坊兴起。发展到如今,形成了以陶瓷企业为主,手工作坊、个人工作室为辅的陈设艺术陶瓷生产格局。在历史悠久的陶瓷文化的熏陶中,景德镇工匠创造了举世瞩目的青花瓷、粉彩瓷、彩色釉等艺术品。当代景德镇工艺美术大师等创作者继承了景德镇工匠创新的精神与传统的工艺,创作出的艺术品陶瓷拥有良好的口碑和市场。

3. 建筑卫生陶瓷

与陈设艺术陶瓷和日用陶瓷相比,景德镇的建筑卫生陶瓷发展较晚。进入 21 世纪后,景德镇提出建设高新技术陶瓷产业的格局。21 世纪初,建筑行业中高消耗、低产出、环境污染大的传统陶瓷行业不再符合国家发展的需要。景德镇抓住契机,遵循绿色生产的要求,生产高附加值的新型建筑陶瓷,并把建筑陶瓷发展列为陶瓷产业发展的核心,促进陶瓷产业的升级和转型。

(三)景德镇龙头陶瓷品牌

景德镇经过几千年的历史积淀,孕育了著名的青花瓷、粉彩瓷、斗彩瓷、珐琅彩瓷等瓷器。当代景德镇陶瓷品类丰富,形成了独具景德镇陶瓷文化的品牌效应,现如今著名的陶瓷品牌有红叶陶瓷、昌南陶瓷、法蓝瓷等,都是陶瓷行业具有影响力的一批品牌。

(1)红叶陶瓷主要生产高档耐用品和日用陶瓷,产品主要为特色餐具、专利双层杯等,既是景德镇陶瓷的代表品牌之一,也是中国陶瓷的十大品牌之一。曾获"中国名牌产品""江西知名品牌""绿色环保健康陶瓷"等多项荣誉称号。

(2)昌南陶瓷主要生产礼品瓷、工艺瓷。数十年秉持"以瓷会友"的经营理念,为国内外陶瓷爱好者搭建桥梁,寻觅了众多现代艺术陶瓷珍品。

(3)法蓝瓷是景德镇陶瓷知名品牌之一,生产极其清新自然的瓷器,注重"天地与我并生,万物与我为一"的自然理念,极力追求东方美。曾在 2005 年、2006 年分别获得"景德镇陶瓷博览会金奖",以及由联合国教科文组织颁发的"世界杰出手工艺品徽章"。

二、景德镇陶瓷贸易

(一)景德镇陶瓷出口贸易

根据相关年份出版的《景德镇统计年鉴》显示:2000年景德镇出口总值为3642万美元,陶瓷出口总值为1762万美元,陶瓷出口总值约占景德镇出口总值的48%,其中陶瓷公司出口陶瓷1229万美元,约占陶瓷出口总值的70%;2005年景德镇出口总值为8721万美元,陶瓷出口总值为2184万美元,陶瓷出口总值约占景德镇出口总值的25%,其中,陶瓷公司出口陶瓷1550万美元,约占陶瓷出口总值的71%;2010年景德镇出口总值为77759万美元,陶瓷出口总值为30800万美元,陶瓷出口总值约占景德镇出口总值的40%,其中陶瓷公司出口陶瓷4785万美元,约占陶瓷出口总值的16%。

由于2010年后官方对景德镇陶瓷出口贸易数据不再做具体统计,本研究根据相关期刊数据整理出2011—2019年江西省陶瓷出口贸易数据[①],以分析景德镇2010年后的陶瓷出口变化,如图8-1所示。从2011—2019年整个江西省的陶瓷出口贸易数据来看,陶瓷出口额整体呈现逐步提升的趋势,2019年的陶瓷出口额

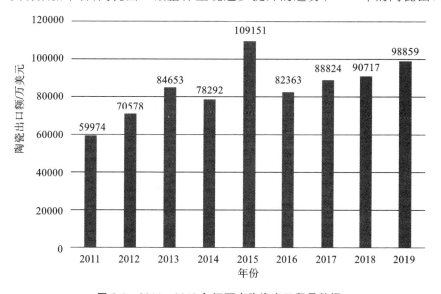

图8-1 2011—2019年江西省陶瓷出口贸易数据

---

① 汪洁."一带一路"背景下景德镇陶瓷出口贸易研究[J].商场现代化,2021(20).

约是2011年的1.6倍,2015年是这10年中陶瓷出口额最大的一年,达到109151万美元。由此可见,陶瓷出口行业发展整体呈现欣欣向荣的态势。

(二)景德镇陶瓷出口贸易国家或地区

近年来,随着国际陶瓷文化交流逐渐频繁,国内外陶瓷手工艺者纷纷来景德镇创业,形成独特的"景漂"现象。景德镇自2004年起每年举办的陶瓷博览会、交流会、推介会均取得了瞩目的成绩,吸引了俄罗斯、德国、英国、意大利、土耳其、日本、韩国等国家以及中国淄博、佛山、醴陵、德化等地区的主要陶瓷企业前来参与交流,为景德镇陶瓷文化的传承与发展发挥了重要作用。景德镇陶瓷产业的销售市场并不局限于国内,外贸销售至俄罗斯、英国、德国、日本、韩国等全球数百个国家和地区。根据相关资料显示,景德镇陶瓷出口主要集中于中东地区,其次是欧洲和拉丁美洲地区,出口的陶瓷种类有陈设艺术陶瓷、建筑陶瓷、电子陶瓷、仿古陶瓷等。

三、景德镇陶瓷政策

景德镇市政府几十年来一直不断发展与完善对陶瓷产业的扶持政策,从2002年《关于加快我市陶瓷产业发展的若干意见》到2022年《景德镇市陶瓷文化传承创新条例》,景德镇市政府、金融机构不断加强与陶瓷产业的合作。

2002年景德镇市政府工作重点在于陶瓷材料和技术的创新突破;2012年景德镇市政府推动陶瓷中小企业信贷建设;2014年景德镇市政府对陶瓷知识产权、专利、商标设计等进行加强管理,协调产权纠纷,打击侵权犯罪;2018年景德镇根据"打造'国际瓷都'"的要求建设了景德镇国家陶瓷文化传承创新试验区,并将其列入"2+6+N"产业高质量发展范畴,部署"3+1+X"产业布局,即将陶瓷与航空、汽车、旅游产业融为一体的发展模式,推进陶瓷产业的跨界融合,实现"陶瓷+文化旅游""陶瓷+创意设计""陶瓷+科技创新""陶瓷+互联网"的新发展。

2019国家发展和改革委员会、文化和旅游部提出将景德镇建设为陶瓷文化示范区。之后,江西省政府和景德镇市政府相继出台一些建设陶瓷文化示范区的促进条例和保护措施,包括:对景德镇陶瓷文化资源实行名录保护,对考古遗址、文化街、传统村落、生产陈列区实行区域性整体保护;制定政策补贴陶瓷文化宣传,对技艺传承人给予经济帮扶,鼓励绿色陶瓷产业生产、经营,加强对陶瓷产业的形象宣传,促进陶瓷与文化旅游融合;利用数字化资源、智能化处理、网络传播等技术与公共服务平台、陶瓷产品供需平台,构建陶瓷产业供应链等。以下对2002—2020年景德镇陶瓷产业相关政策进行梳理,如表8-3所示。

表 8-3　景德镇陶瓷产业 2002—2020 年相关政策

时间	发布单位	政策文件	主要内容
2002 年	中共景德镇市委、景德镇市人民政府	《关于加快我市陶瓷产业发展的若干意见》	①以陶瓷原料加工和陶瓷烧成两大工艺为突破口,推进技术创新。 ②陶瓷原料从专业化生产入手,积极组织各种高、中、低温原料的技术攻关,逐步实现原料生产标准化、系列化、精制化。 ③推广烧成新工艺,开发节能、高效、环保窑炉,限期淘汰落后窑炉
2012 年	景德镇市政府	《金融支持陶瓷中小企业转型升级和健康发展指导意见》	①打造环境,创造陶瓷企业外源融资的良好条件。 ②健全机构,完善服务陶瓷中小企业的金融组织体系。 ③做大总量,不断强化对陶瓷中小企业的信贷支持力度。 ④方便企业,进一步优化金融服务质量。 ⑤正向激励,完善金融支持陶瓷企业发展的信贷鼓励政策。 ⑥加强领导,推动金融支持陶瓷中小企业发展工作长效开展
2014 年	景德镇市政府	《景德镇陶瓷知识产权保护管理规定》	①加强陶瓷商标管理,保护商标专用权,维护商标信誉。 ②鼓励、引导陶瓷经营者、创造者及时申请陶瓷专利、地理标志产品标识使用、注册景德镇陶瓷商标、著作权登记。 ③陶瓷经营者依法纳税、守法经营。 ④进一步完善景德镇陶瓷知识产权保护联合行政执法制度。 ⑤建立景德镇陶瓷知识产权保护中心机制,及时发布景德镇陶瓷知识产权保护相关新闻和动态
2019 年	景德镇市政府	《景德镇市陶瓷产业技术创新和研发补助专项资金管理暂行办法》	①管理与监督,主要明确项目管理与服务模式等内容。 ②经费使用补助范围与方式,主要明确支持的对象和资助方式。 ③计划的编制程序,主要明确项目征集、申报受理、专家评审考察等方面内容。 ④资金监管及绩效评价,主要明确绩效考评及项目验收等内容

续表

时间	发布单位	政策文件	主要内容
2019年	国家发展和改革委员会、文化和旅游部	《景德镇国家陶瓷文化传承创新试验区实施方案》	①到2025年,试验区建设取得阶段性成果,陶瓷文化传承保护创新体制机制初步建立,陶瓷文化和旅游业深度融合效果显著。 ②到2035年,试验区各项建设目标任务全面完成,成为全国具有重要示范意义的新型人文城市和具有重要影响力的世界陶瓷文化中心城市。陶瓷文化传承保护创新体制机制基本健全,成为共建"一带一路"国家文化交流重要载体和展示中华古老陶瓷文化魅力的名片
2019年	江西省景德镇国家陶瓷文化传承创新试验区建设领导小组	《景德镇国家陶瓷文化传承创新试验区建设2020年前工作要点》	①大力推进以御窑厂国家考古遗址公园为核心的陶阳里历史文化街区,创建5A级景区,加快陶源谷艺术景区建设。 ②推进瑶里、洪岩仙境等景区经营管理体制改革,启动景德镇水利枢纽工程、鱼山货运码头、三间庙清街古码头等项目,推进昌江百里风光带建设
2020年	中共江西省委、江西省人民政府	《景德镇国家陶瓷文化传承创新试验区实施方案》的意见	①加大陶瓷文物保护力度。制订景德镇大遗址保护计划,争取列入国家大遗址保护规划。推动御窑厂遗址申报世界文化遗产,争取御窑厂等重要遗址的考古和研究纳入"考古中国项目"。 ②建设国家古陶瓷研究修复中心,实施可移动文物研究和修复,加强预防性保护和数字化保护利用。 ③制定陶瓷文物保护相关地方性法规。 ④完善基本建设考古制度,对可能存在文物遗存的土地,在依法完成考古调查、勘探、发掘前不得入库储备

数据来源:政策文件总结来自百度百科。

四、景德镇陶瓷人才结构

(一)景德镇拥有完备的人才培养体系

景德镇陶瓷产学研相关产业体系十分完备。景德镇陶瓷大学素有"陶瓷黄埔"的美誉,其陶瓷美术学院开设了陶瓷艺术设计、雕塑、美术学、中国画等陶瓷美术相关专业,材料科学与工程学院和机械电子工程学院同样开设了陶瓷材料制作的相关课程,每年为业内贡献大量人才,为陶瓷产业发展做出突出贡献,人才培养技艺之精湛享誉全球。景德镇还拥有江西陶瓷工艺美术职业技术学院、景德镇陶瓷职业技术学院等专科院校,对陶瓷人才培养同样起到了不可忽视的作用。

除去院校,景德镇还拥有景德镇市陶瓷研究所、景德镇市陶瓷考古研究所、江西省陶瓷研究所、中国轻工业陶瓷研究所,专注于艺术陶瓷设计、古陶瓷发掘和修复、日用陶瓷研究、特种陶瓷研究等方面的高学历、高技术人才培养。

(二)景德镇陶瓷专业人才云集

目前,景德镇拥有一大批享受国务院政府特殊津贴的专家,享受江西省政府特殊津贴的专家,国家级工艺美术大师,陶瓷工艺美术专业教授,省、市高级工艺美术师和民间陶艺人,再加上从事陶瓷行业的十多万大军,以及每年吸引过来创作交流的成千上万境内外陶瓷艺术家,形成了庞大的、丰富的陶瓷队伍。历史悠久的陶瓷文化和浓郁艺术氛围,让景德镇充满生机。

(三)景德镇采取优惠的人才引进制度

为促进景德镇的发展,景德镇市政府于2018年出台《景德镇市"3+1+X"产业人才发展实施办法(试行)》和《景德镇市"3+1+X"产业人才发展十条政策》,内容主要包括:对在景德镇经济社会发展中实现重大科研突破、重要科技成果转化和重点产业发展贡献突出的"3+1+X"产业人才,给予最高50万元奖励;对为景德镇科技创新和产业发展作出重大贡献、获得国家科技进步特等奖的个人(团队),给予最高200万元奖励;对在景德镇工作的高层次人才,给予住房免租、减租和购房补助待遇;对在景德镇工作满3年购买首套住房的领军人才,给予最高100万元安家补助等。专项实行的人才政策给景德镇陶瓷产业升级、转型、创新提供了强有力的支撑,也是景德镇陶瓷产业发展的后备力量。

第二节 促进陶瓷产业高质量发展的保障体系

一、陶瓷产业发展金融保障体系

建筑陶瓷产业加速发展的态势,带来资金需求大幅增长,为金融业注入强劲持久动力,为金融业快速成长打开了广阔空间,也对金融产品创新和优化金融服务提出了更高要求。因此,要继续完善投融资功能,为建筑陶瓷产业发展提供更多的融资支持。

在产业发展的过程中,应该坚持"谁投资谁收益"的原则,通过争国资、融民资、引外资等手段,积极拓展融资途径,实现多渠道、多层次获取资金。同时,重视发挥市场机制的作用,开展融资租赁、以商招商、网上招商及委托代理招商,以强化融资的方式,为产业的建设和高效运作提供充足的资金保障。

应该深入研究金融领域的新情况及新问题,努力探索新形势下贯彻国家宏观经济金融政策的新思路、新途径和新举措,鼓励金融机构创新金融产品和服务,有效增加信贷投放,加大对重点建筑陶瓷产业升级、节能减排、外贸出口等的信贷支持力度。不断推进信贷产品和经营模式创新,积极推广银团贷款、联合贷款、委托贷款,支持重点项目建设。鼓励金融机构设点,支持银行业网点扩张,完善银行业服务体系。引导邮储银行扩大小额贷款试点,促进邮储资金回流农村。创新保险公司融资担保模式,开展中小企业贷款履约保证保险工作。

同时,要强化风险意识。受各种因素和变动性的影响,实际效果与规划预期可能会发生偏差,进而导致一定的利益损失。因此,充分认识这些风险,采取行之有效的应对策略来规避风险,对于保障基地产业规划的顺利实施十分必要。风险包括市场风险和资金风险。

1. 市场风险

市场风险主要是指市场经营中所面临亏损的可能性及不确定性,主要包括产品市场定位与需求、市场认可以及内部竞争等方面。因此,其对应策略包括:发挥基地综合协调作用,促进企业错位发展,实现优势互补,增强基地整体竞争力;加强信息化建设,及时为基地企业提供市场、技术等信息,为企业调整产品结构、拓展营销网络服务。

2. 资金风险

资金风险主要是指基地建设资金不能到位而导致投资失效或对整体目标带来的不良影响,主要包括基地公用工程资金不能适时到位和招商引资不能及时完成两个方面。因此,其应对策略包括:采取"总体规划,分步推进,以招商引资为主、自筹资金为辅"的策略,制定资金筹措、运营战略;严格制订投资计划,把握建设及运营节奏,加速资金周转,最大限度降低资金运作风险。

二、基础设施及公共平台保障体系

应该加快基础设施建设,不断完善产业发展的硬环境。在现有的基础设施上，进一步加强产业发展所需的交通、通信、能源、水利等方面的基础设施的建设力度，大力提升和完善基地的招商引资硬环境。

应该进一步加快公路、铁路、水运建设、改建与扩建，尤其要加快对基地内部以及基地与外部连接的主要干道的建设，以确保企业生产所需要的原材料、辅料、设备等能进得来，产品能出得去。尽快实现"铁海联运"，推动产品出口。

此外，应该加快公共平台建设，构筑公平的竞争平台。强化工商、税务管理，建立公平竞争的成本平台。具体表现为以下五个方面。

其一，制定陶瓷企业准入制度。制定陶瓷企业的注册资本、产品、规模、环保等准入标准。新建的企业必须符合标准要求，没有通过审批的企业不予注册登记。

其二，对从事陶瓷生产经营的企业，严格办理工商登记和税务登记等手续，实行年检制度，取缔无证经营企业。加强小规模纳税人的税费征收管理，确保相关税费及时足额收缴，坚决遏制当前存在的引税和抢税现象。

其三，规范陶瓷行业增值税的源头管理。对陶瓷原材料、燃料经营实行许可证制度。经营原材料、燃料的企业主体必须是规模较大、会计核算健全的一般纳税人，避免生产企业在原材料、燃料购进中的不公平税负因素影响。

其四，制定向一般纳税人倾斜的税收优惠政策和资金、土地、产品宣传等方面的扶持政策，引导小规模纳税人成为一般纳税人。对成为一般纳税人的民营陶瓷企业，年缴纳税金总额较大的，由受益财政按其留成部分给予企业一定的奖励。允许成为一般纳税人的民营陶瓷企业采用加速折旧法计提折旧。

其五，采取市场监管和行业自律相结合的方式规范景德镇陶瓷市场价格秩序。一方面，通过陶瓷行业协会自律规范价格秩序；另一方面，建立惩治扰乱价格秩序的地方性法规，并加大对扰乱价格秩序行为的惩处力度。

三、陶瓷产业发展体制制度保障体系

首先，要完善陶瓷工业管理组织。鉴于陶瓷行业管理的现状，可以设立陶瓷工业管理处，加强陶瓷工业的宏观管理。陶瓷工业管理处的主要职责是：制定科学的行业发展规划和产业政策；协调政府职能部门，规范市场秩序，营造公平的市场竞争环境；积极主动为陶瓷企业服务，帮助企业解决经营中的困难，及时掌握陶瓷工业有关经济、科技等方面的信息；推动科技的进步和企业管理水平的提高。

其次，要建立鼓励自主创新的制度与机制，加快创新型人才引进、流动、使用、评价、鼓励制度建设,营造自主创新环境与氛围,加大自主创新成果的应用、转化与奖励力度。产瓷区政府应加强收费管理以减轻企业负担,并进一步加强对行政事业性收费和经营服务性收费的管理。一是依据法律法规和国家有关规定,进一步清理收费项目。二是努力降低企业营业成本,规范电价、路桥通行费以及各种管理费的收费标准和办法。建议对所有涉及企业的收费项目,均按照"收费从低"的原则,有上下限标准的收费项目一律按下限征收。三是规范中介机构收费行为,加强对中介机构收费的管理和监督检查。四是全面实行收费公示制。行政事业性收费单位以及执行政府定价和政府指导价的经营单位,应在收费场所公布收费项目、标准、范围、依据等内容,供社会各方面监督。五是建立收费投诉监察机制,加大对涉及企业的收费行为的监督和检查力度。

再次,要依法规范行政管理,按照国家有关法律法规,进一步建立和健全地方涉外经贸法规,并落实行政执法责任制。行政机关对企业进行检查,应以统筹安排、保证质量、注重实效、不影响企业正常生产经营为原则,推行合并检查、联合检查的办法,切实保障外来投资者的合法权益。进一步规范建筑市场、土地市场、产权市场、资本市场和各类中介服务机构,为外来投资者提供优质、高效的服务。加强信用体系建设,建立健全企业、个人信用评估制度,形成全社会守信用的监督约束机制,严厉打击制假、售假、侵犯知识产权等违法行为。深入开展社会治安综合治理,不断完善社区服务功能,切实搞好文化、娱乐、医疗、教育等设施建设,积极在居住、子女就读等方面为外来投资者提供便利,为外来投资者营造安全、安心的投资环境。

最后,推进电子政务和电子商务建设,进一步完善政府网站功能,健全外商投资服务体系和工作机制,加快推行外商投资企业网上申报、年检、备案、咨询和投诉,大力开展在线服务,为外商投资企业提供及时、准确的政策和信息服务,以及在线咨询、洽谈、采购等服务,推动现有外商投资企业延长产业链,不断增资扩产。

第三节 陶瓷产业高质量发展水平的评价

一、评价指标体系的构建

本研究首先根据陶瓷产业高质量发展的内涵和特征,结合景德镇自身经济发展情况,确定反映陶瓷产业高质量发展水平的一级评价指标和二级评价指标;其次,查找国内外产业高质量发展的相关资料,选用频度较高的相关评价指标;再次,初步构建指标体系,选取两个左右能够解释三级评价指标的四级评价指标;最后,咨询相关专家,调整指标体系,确定景德镇陶瓷产业高质量发展水平评价指标体系。

二、景德镇陶瓷产业高质量发展水平评价指标选取说明

结合数据的可获得性和产业高质量发展的特征与内涵,充分考虑建立评价指标体系的科学性、系统性、动态性、可操作性等原则,本研究认为要从陶瓷产业发展基础、陶瓷产业发展绩效、陶瓷产业发展新动能、陶瓷产业发展绿色化转型四个方面来反映景德镇陶瓷高质量发展水平。

在构建景德镇陶瓷产业高质量发展水平评价指标体系时,公路、铁路等交通基础设施,供水、供电、供气、电信和互联网等城市公共基础设施,以及劳动力、资本等生产要素等指标构成了二级评价指标中的陶瓷产业发展基础指标。这些生产要素既是经济发展的基本要件,也是陶瓷产业高质量发展的基础条件。经济可持续增长离不开产业高质量发展绩效的提升和产业经济规模的逐年增长,本研究选取了人均 GDP、GDP 规模和陶瓷产业对 GDP 的贡献率等指标作为陶瓷产业发展绩效指标。陶瓷产业高质量发展离不开政府和人才的支持,陶瓷产业发展开放程度、高人力资本存量条件以及政府政策支持等指标构成了陶瓷产业发展新动能指标。新时代下,陶瓷产业高质量发展的必然趋势是绿色化转型发展,因此,废水治理设施处理能力,废气治理设施处理能力,水利、环境和公共设施管理业固定资产投资指标构成了陶瓷产业发展绿色化转型指标。

三、构建景德镇陶瓷产业高质量发展水平评价指标体系

景德镇陶瓷产业高质量发展水平评价指标的选取要和产业高质量发展的内涵紧密相关,符合高质量发展的特征和要求,跟进产业高质量发展的新趋势,遵循产业经济客观发展规律。本研究在阅读大量产业高质量发展的相关文献的基础上,结合景德镇陶瓷产业发展现状,按照上述指标选取原则,遵循评价指标体系构建标准,客观、科学地评价景德镇陶瓷产业高质量发展水平。一级评价指标、二级评价指标、三级评价指标、四级评价指标的具体内容见表 8-4。

表 8-4　陶瓷产业高质量发展水平评价指标体系

一级评价指标	二级评价指标	三级评价指标	四级评价指标
陶瓷产业高质量发展（A）	陶瓷产业发展基础（B1）	基建基础条件（C1）	城市供水总量（D1）/万吨 城市供气管道长度（D2）/公里 固定资产投资额（D3）/万元
		电信与互联网条件（C2）	电信业务总量（D4）/万元
		交通基础条件（C3）	公路里程（D5）/公里 货运量（D6）/万吨 客运量（D7）/万人次
		劳动力基础条件（C4）	常住人口（D8）/万人
		资本市场基础条件（C5）	金融机构人民币存款余额（D9）/亿元 金融机构人民币贷款余额合计（D10）/亿元
	陶瓷产业发展绩效（B2）	产业总规模（C6）	人均 GDP（D11）/元 GDP 规模（D12）/亿元
		陶瓷产业行业贡献率（C7）	陶瓷产业规模（D13）/亿元 陶瓷产业对 GDP 的贡献率（D14）/(%)
	陶瓷产业发展新动能（B3）	陶瓷产业发展开放程度（C8）	陶瓷贸易出口总额（D15）/亿美元
		高人力资本存量条件（C9）	高等院校毕业生数（D16）/人
		政府政策支持（C10）	一般公共预算支出（D17）/万元
	陶瓷产业发展绿色化转型（B4）	环境污染治理投资（C11）	废水治理设施处理能力（D18）/(万吨/日) 废气治理设施处理能力（D19）/(万立方米/时)
陶瓷产业高质量发展（A）	陶瓷产业发展绿色化转型（B4）	环境管理与设施建设（C12）	水利、环境和公共设施管理业固定资产投资（D20）/万元

备注：代码 A 为 1 个一级评价指标；B1—B4 为 4 个二级评价指标；C1—C12 为 12 个三级评价指标；D1—D20 为 20 个四级评价指标。例如，基建基础条件这个三级评价指标，代码为 C1，包括城市供水总量、城市供气管道长度、固定资产投资额 3 个四级评价指标。

本研究选取景德镇2010年到2019年共10年的相关数据,分析了景德镇陶瓷产业高质量发展水平,能够很好地解释本研究中的一级评价指标。所选取的数据主要来源于相关年份的《中国城市建设统计年鉴》《景德镇统计年鉴》《江西统计年鉴》。在数据收集中,由于缺少景德镇2018年城市供水总量数据,因此,本研究结合每年增长速率,用移动加权法得出2018年城市供水总量。此外,面对缺少2019年废水治理设施处理能力和废气治理设施处理能力的相关数据,本研究参照水利、环境和公共设施管理业固定资产投资增长速率,用移动加权法得出相应数据。

陶瓷产业发展基础。产业高质量发展离不开良好的基础设施。本研究选取城市供水总量、城市供气管道长度、固定资产投资额来表征基建基础条件;用电信业务总量反映电信与互联网条件;用公路里程、货运量、客运量反映交通基础条件;用常住人口测算劳动力基础条件;用金融机构人民币存款余额、金融机构人民币贷款余额合计测算资本市场基础条件。

陶瓷产业发展绩效。陶瓷产业发展绩效是衡量社会的经济福利是否满足消费者的需求的重要指标。本研究用人均GDP和GDP规模反映产业总规模,用陶瓷产业规模和陶瓷产业对GDP的贡献率测算陶瓷产业行业贡献率。

陶瓷产业发展新动能。陶瓷产业发展新动能是衡量景德镇陶瓷产业能否可持续发展的重要指标。本研究用陶瓷贸易出口总额、高等院校毕业生数、一般公共预算支出分别反映陶瓷产业发展开放程度、高人力资本存量条件、政府政策支持。

陶瓷产业发展绿色化转型。陶瓷产业作为传统行业,要想实现"双碳"目标,绿色化转型是重中之重。本研究用废水治理设施处理能力,废气治理设施处理能力反映环境污染治理投资,用水利、环境和公共设施管理业固定资产投资反映环境管理与设施建设。

第四节 产业高质量发展评价指标赋权模型

一、评价指标赋权理论解析

(一)构建原始数据矩阵

如果有$j(j=1,2,\cdots,k)$个评价指标,$i(i=1,2,\cdots,n)$个待评项目(这里i指的是年份),那么原始数据矩阵$\boldsymbol{X}=(x_{ij})_{n\times k}$可构建如下:

$$\boldsymbol{X} = \begin{bmatrix} x_{11} & x_{12} & \cdots & x_{1k} \\ x_{21} & x_{22} & \cdots & x_{2k} \\ \vdots & \vdots & \vdots & \vdots \\ x_{n1} & x_{n2} & \cdots & x_{nk} \end{bmatrix}_{n \times k}$$

这里,$\boldsymbol{X}$ 表示评价指标体系原始数据矩阵。x_{ij} 表示评价指标原始数据矩阵元素,即第 i 年第 j 个评价指标的原始数据。

(二)原始数据标准化处理

通过统计公式(8-1)或公式(8-2),对数据进行无量纲化处理。

$$x'_{ij} = \frac{x_{ij} - x_{j,\min}}{x_{j,\max} - x_{j,\min}} \tag{8-1}$$

$$x'_{ij} = \frac{x_{j,\max} - x_{ij}}{x_{j,\max} - x_{j,\min}} \tag{8-2}$$

$$y_{ij} = \frac{x'_{ij}}{\sum_{i=1}^{n} x'_{ij}} \tag{8-3}$$

式中,$x_{j,\max}$ 表示第 j 个评价指标的最大值,$x_{j,\min}$ 表示第 j 个评价指标的最小值,x_{ij} 表示第 i 年第 j 个评价指标的原数数据,x'_{ij} 表示第 i 年第 j 个评价指标经标准化后的数据,消除了量纲的影响。根据标准化后的数据可确定各评价指标的权重,利用统计公式(8-3)计算出第 i 年第 j 个评价指标的权重。评价指标信息熵和熵权赋值信息熵反映研究系统的无序化程度,如果某评价指标信息熵越小,表明该评价指标数据在不同年份的变异程度越大。设 $\theta = \frac{1}{\ln(n)}$,这里 n 为测度年份。如果 $y_{ij} = 0$,则定义 $\lim_{y_{ij} \to 0} y_{ij} \ln y_{ij} = 0$,那么利用统计公式(8-4)测度评价指标信息熵。

根据评价指标信息熵测度结果,利用统计公式(8-5)测度出评价指标信息熵冗余度。这样各评价指标熵权就可以利用统计公式(8-6)来测度,并得到评价指标熵权向量 $\boldsymbol{w} = [w_1, w_2, \cdots, w_k]$。

$$e_j = -\theta \sum_{i=1}^{n} (y_{ij} \times \ln y_{ij}) \tag{8-4}$$

$$d_j = 1 - e_j \tag{8-5}$$

$$w_j = \frac{d_j}{\sum_{j=1}^{k} d_j} \tag{8-6}$$

利用统计公式(8-7)可以测出相应的综合发展水平。在此基础上,综合考虑所有年份的熵权,利用统计公式(8-8)测度出第 i 年产业高质量发展水平。

$$S_{ij} = w_j \times x'_{ij} \tag{8-7}$$

$$Q_i = \sum_{j=1}^{k} S_{ij} (i = 1,2,\cdots,n; j = 1,2,\cdots,k) \tag{8-8}$$

二、景德镇陶瓷产业高质量发展水平测度与实证分析

(一)评价指标熵权赋值

现利用熵权法对景德镇陶瓷产业高质量发展一至四级评价指标体系进行熵权赋值。根据熵权赋值统计公式(8-4)、统计公式(8-5)、统计公式(8-6),先对 20 个四级评价指标体系进行熵权赋值,然后根据熵权赋值统计公式(8-7)对二级和三级评价指标体系进行熵权赋值。具体数据如表 8-5、图 8-2、图 8-3 所示。

表 8-5　景德镇陶瓷产业高质量发展水平评价指标体系熵权赋值

二级评价指标	权重	三级评价指标	权重
陶瓷产业发展基础(B1)	0.4360	基建基础条件(C1)	0.1166
		电信与互联网条件(C2)	0.0663
		交通基础条件(C3)	0.1140
		劳动力基础条件(C4)	0.0379
		资本市场基础条件(C5)	0.1012
陶瓷产业发展绩效(B2)	0.1627	产业总规模(C6)	0.0570
		陶瓷产业行业贡献率(C7)	0.1057
陶瓷产业发展新动能(B3)	0.0741	陶瓷产业发展开放程度(C8)	0.0190
		高人力资本存量条件(C9)	0.0206
		政府政策支持(C10)	0.0345
陶瓷产业发展绿色化转型(B4)	0.3272	环境污染治理投资(C11)	0.2347
		环境管理与设施建设(C12)	0.0925

从图 8-2 可以看出,在 4 个二级评价指标中权重最大的是陶瓷产业发展基础,具体数值为 0.4360,体现了陶瓷产业发展基础对景德镇陶瓷产业高质量发展的基础性作用。权重第二的是陶瓷产业发展绿色化转型,数值为 0.3272,体现了陶瓷产业高质量发展中绿色发展的积极作用。陶瓷产业发展绩效和陶瓷产业发展新动能的权重分别为 0.1627、0.0741。在二级评价指标中,陶瓷产业发展基础和陶瓷产业发展绿色化转型二者的权重和是 0.7632,显示了二者的关键性作用。陶瓷

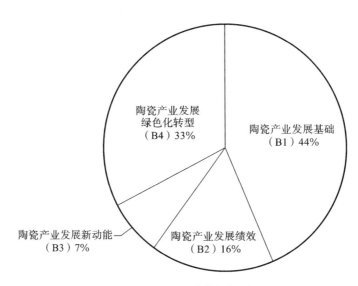

图 8-2 二级评价指标权重

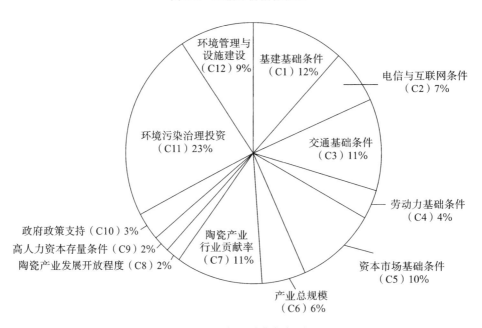

图 8-3 三级评价指标权重

产业发展绩效和陶瓷产业发展新动能的权重和仅为 0.2368。陶瓷产业发展新动能的权重最小，为 0.0741。陶瓷产业发展新动能是陶瓷高质量发展趋势的重要指标，这个数据既表明了当前陶瓷产业发展新动能对于陶瓷产业高质量发展的推动作用效果不大，也反映了景德镇陶瓷产业高质量发展速度十分缓慢。

如图 8-3 所示,12 个三级评价指标权重各不相同。从整体来看,在三级评价指标中权重最大的是环境污染治理投资,具体数值为 0.2347,可见景德镇陶瓷产业发展绿色化转型投资力度之大。在三级评价指标中权重最小的是陶瓷产业发展开放程度,仅有 0.0190,这与景德镇陶瓷在国内、国际市场份额双萎缩的现实相符。从以上图表数据中可以看出,一方面,景德镇作为"千年瓷都",发展潜力巨大;另一方面,景德镇陶瓷产业高质量发展刻不容缓。第一,在陶瓷产业发展基础这个二级评价指标熵权赋值中,其三级评价指标中权重较大的是基建基础条件和交通基础条件,具体数值分别为 0.1166 和 0.1140,二者占比和约为 52.89%,超过一半,表明在陶瓷产业发展基础这一二级评价指标中,极为重要的两个基础性条件是基建基础条件和交通基础条件,二者在陶瓷产业高质量发展中具有较大的影响。第二,在陶瓷产业发展绩效这个二级评价指标熵权赋值中,其三级评价指标中权重最大的是陶瓷产业行业贡献率,具体数值为 0.1057,占比约为 64.97%,超过六成,表明陶瓷产业发展绩效最重要的基础性条件是陶瓷产业行业贡献率,在陶瓷产业高质量发展中影响非常大,反映出陶瓷行业对景德镇经济具有举足轻重的影响,要想提高陶瓷产业对景德镇经济增长的拉动贡献率,离不开持续优化陶瓷产业内部结构。第三,在陶瓷产业发展新动能这个二级评价指标熵权赋值中,其三级评价指标中权重最大的是政府政策支持,具体数值为 0.0345,表明陶瓷产业发展新动能最重要的基础性条件是政府政策支持,在陶瓷产业高质量发展中具有重要作用。一方面,景德镇市政府从税收政策等方面对陶瓷产业提供了大量支持,陶溪川陶瓷文化创意园、三宝村等的建设,吸引了大量慕名而来的游客,可以说,政府的支持对景德镇陶瓷产业高质量发展的支撑作用明显;另一方面,景德镇陶瓷产业高质量发展内在动力不足,市场竞争力有待提高。第四,在陶瓷产业发展绿色化转型这个二级评价指标熵权赋值中,其三级评价指标中权重最大的是环境污染治理投资,具体数值为 0.2347,占比超过七成,表明景德镇陶瓷产业发展绿色化转型最重要的基础性条件是环境污染治理投资。在陶瓷产业高质量发展中,环境污染治理投资具有很大的影响。通过对 12 个三级评价指标进行综合分析可以发现,基建基础条件、陶瓷产业行业贡献率、政府政策支持以及环境污染治理投资是新时代下景德镇陶瓷产业高质量发展水平的重要影响因素。

(二)产业高质量发展水平测度结果分析

根据产业高质量发展水平测度公式(8-8),测度出 2010—2019 年景德镇陶瓷产业高质量发展水平。具体测度结果如表 8-6 所示。

表 8-6 2010—2019 年景德镇陶瓷产业高质量发展水平测度结果

年份	陶瓷产业 高质量发展	陶瓷产业 发展基础	陶瓷产业 发展绩效	陶瓷产业 发展新动能	陶瓷产业 发展绿色化转型
2010	0.0267	0.0097	0.0006	0.0022	0.0141
2011	0.0341	0.0159	0.0031	0.0046	0.0105
2012	0.0418	0.0227	0.0052	0.0057	0.0082
2013	0.0604	0.0290	0.0097	0.0073	0.0144
2014	0.0704	0.0356	0.0153	0.0071	0.0124
2015	0.0911	0.0466	0.0215	0.0069	0.0161
2016	0.1161	0.0506	0.0238	0.0078	0.0338
2017	0.1214	0.0641	0.0230	0.0093	0.0250
2018	0.1562	0.0900	0.0310	0.0111	0.0240
2019	0.1521	0.0717	0.0293	0.0122	0.0390

表 8-6 的测度结果表明，2010—2019 年景德镇陶瓷产业高质量发展及其陶瓷产业发展基础、陶瓷产业发展绩效、陶瓷产业发展新动能、陶瓷产业发展绿色化转型 4 个二级评价指标综合得分表现出一些阶段性变化的特征。2010—2019 年景德镇陶瓷产业高质量发展水平变化趋势如图 8-4 所示。

第一，陶瓷产业高质量发展的陶瓷产业发展基础、陶瓷产业发展绩效、陶瓷产业发展新动能、陶瓷产业发展绿色化转型这些指标整体均呈上升趋势。第二，陶瓷产业发展基础指数整体呈上升趋势，从 2010 年的 0.0097 跨越式地增长到 2019 年的 0.0717，这为景德镇陶瓷产业高质量发展打下了良好的基础，是景德镇陶瓷产业高质量发展的重要动力。第三，2010—2019 年陶瓷产业发展绿色化转型指数呈波动状态，呈现三落三起：最低点在 2012 年，只有 0.0082；在 2016 年达到最高，为 0.0338。随着绿色发展越发重要以及我国"双碳"目标的提出，陶瓷产业作为传统高能耗行业，绿色化转型迫在眉睫。令人惊喜的是，景德镇陶瓷产业发展绿色化转型这一指数在 2018 年至 2019 年有了快速提升。第四，陶瓷产业发展绩效作为陶瓷产业高质量发展重要描述指标之一，从 2010 年到 2017 年一直在增长，其中，2013 年到 2017 年增长速率大幅提高，与陶瓷产业发展基础指数呈现一定相关性。第五，陶瓷产业发展新动能作为景德镇陶瓷产业高质量发展的潜在动力指标，综合得分在 4 个指标中最低，反映出亟须突破景德镇陶瓷产业发展瓶颈。

（三）政策建议

景德镇作为"千年瓷都"，陶瓷发展历史源远流长，陶瓷产业在景德镇经济发

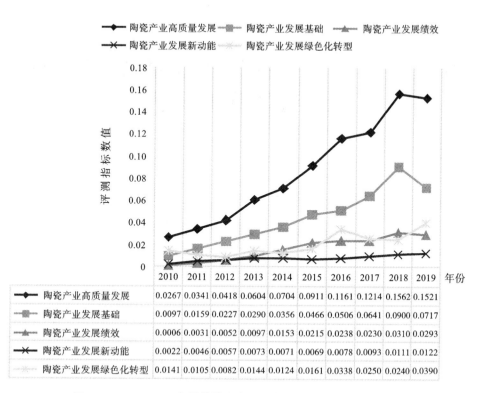

图 8-4　2010—2019 年景德镇陶瓷产业高质量发展水平变化趋势

展中具有重要作用。景德镇陶瓷产业高质量发展应该从以下几个方面入手：第一，加大景德镇公共基础设施和交通基础设施建设，持续夯实陶瓷产业发展基础以提高产业供给质量。第二，创新既是景德镇陶瓷产业高质量发展最关键的问题，也是形成国际竞争优势的关键所在，占据越来越重要的战略地位。未来景德镇陶瓷产业高质量发展的核心就是创新，创新也是景德镇陶瓷产业高质量发展战略的重要推动力。第三，加快陶瓷产业发展绿色化转型，节约资源，保护环境，筑牢"绿水青山就是金山银山"的发展理念，转变陶瓷产业传统的发展模式。第四，优化景德镇陶瓷产业内部结构，激活陶瓷产业发展的潜力，提高陶瓷产业高质量发展的绩效水平。

第九章 金融支持江西景德镇陶瓷产业高质量发展的现状

第一节 金融支持江西景德镇陶瓷产业高质量发展的现状

一、景德镇金融行业发展现状

金融是现代经济的核心,金融兴则经济兴,经济强则金融强,二者共生共荣。随着"景德镇国家陶瓷文化传承创新试验区"这张国家级名片的推出,景德镇经济金融迎来了发展的历史机遇。景德镇作为国家陶瓷文化传承创新试验区,"传承"与"创新"的特质交相辉映、联系紧密。在继续用好传统的、成熟的信贷产品,保持产业优势的同时,应该积极引导金融机构紧密结合陶瓷产业等本地特色产业的特点,按照风险可控、商业可持续原则,开发个性化、差异化、定制化的金融产品,为景德镇国家陶瓷文化传承创新试验区的建设提供金融支持。

瓷都"匠从八方来,器成天下走"的千年繁华,很大程度上源于诚实守信文化的熏染。随着社会主义市场经济的建立和完善,良好的信用环境更是企业发展之基。景德镇成功入选全国文明城市,表明其在信用环境建设方面有良好的基础。应以更高的标准、更实的举措推进金融生态环境持续优化,助推景德镇打造"信用高地"和"资金洼地"。

2019 年景德镇金融业生产总值为 464487 万元,增长率达 9.73%,金融业生产总值逐年创新高。图 9-1 为 2014 年至 2019 年景德镇金融业生产总值及其占 GDP 比重的情况。金融业生产总值的提高代表景德镇金融业具有充沛的活力,但同时得指出,金融业生产总值占比依旧处于低水平。从全国来看,2010 年至 2019 年景德镇金融业在 GDP 中的占比分别为 0.9%、0.8%、1.5%、1.9%、2.1%、2.3%、2.4%、2.9%、4.9%、5.0%。景德镇金融业在 GDP 中占比持续增高但远未达到全国平均水平,换言之,景德镇金融业的发展远落后于全国平均水平。

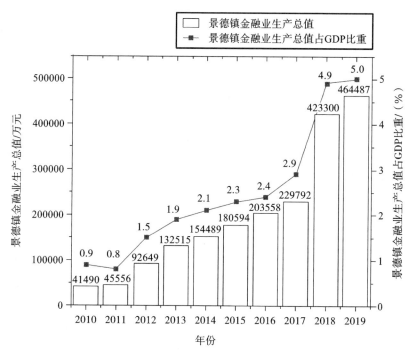

图 9-1　2010—2019 年景德镇金融业生产总值及其占 GDP 比重的情况

二、景德镇陶瓷产业金融支持力度

陶瓷是景德镇的立市之本,称都之源。中国自 10 世纪开始向朝鲜、日本和欧洲各国传播制陶技艺和工业文明,陶瓷已成为西方学习和了解中国文化的一个重要窗口。"昌南"—"China"—"中国",陶瓷与国齐名,景德镇是世界陶瓷的圣地,景德镇陶瓷是中华文明的重要象征[①]。

陶瓷产业贷款余额稳步增长。据统计,截至 2020 年 9 月底,景德镇 11 家银行机构为陶瓷产业企业提供贷款余额为 23.5 亿元,较上年底增长 36.6%,支持陶瓷产业企业 942 家,较上年底增长 84.0%。随着景德镇国家陶瓷文化传承创新试验区建设的深入推进,商业银行也逐渐优化金融服务和金融产品,加大对陶瓷产业的信贷投放力度。2020 年 4 月,中国银行景德镇市分行在辖内设立首家"陶瓷文化支行",创新推出"陶瓷电商通宝""优质陶瓷企业通宝""文创孵化贷""文创知识贷""文创周转贷"等系列专属产品,全力支持陶瓷产业企业发展。景德镇农村商

---

① 章雄超.景德镇陶瓷工业遗产开发再利用研究[D].南昌:江西师范大学,2020.

业银行调整优化信贷结构,不断加大对特色陶瓷(如日用陶瓷、建筑陶瓷等)行业小微企业的信贷支持力度,截至2020年9月底,景德镇农村商业银行为陶瓷小微企业提供贷款余额为5.7亿元,占全市11家金融机构陶瓷产业企业贷款余额比重的24.3%,表明目前金融机构对陶瓷产业企业的信贷投放力度明显加大①。

政策性银行支持力度加大。调查显示,截至2020年9月底,景德镇辖内7家银行机构信贷支持景德镇国家陶瓷文化传承创新试验区的重点项目34个,贷款余额为52.4亿元。其中,中国农业发展银行景德镇市分行支持项目6个,贷款余额为16.4亿元,占比31.3%。从融资成本看,政策性银行不仅贷款期限长,而且贷款利率较为优惠。以2019年期中长期项目贷款为例,中国农业发展银行景德镇市分行贷款加权平均利率为4.7%,比商业银行同期贷款利率低0.2个百分点,仅此一项,可直接为地方政府融资平台减轻利息负担共计3200万元,充分体现了政策性银行"期限长、额度大、利率低"的独特优势。

2020年,景德镇全市金融系统为全市经济社会高质量跨越式发展提供了有力的金融支持,为加快景德镇国家陶瓷文化传承创新试验区建设做出了重要贡献。景德镇市政府表彰金融支持景德镇国家陶瓷文化传承创新试验区建设先进单位8家:中国农业发展银行景德镇市分行、中国工商银行景德镇市分行、中国建设银行景德镇市分行、景德镇农村商业银行、中航证券景德镇营业部、中信证券景德镇营业部、中国人民财产保险股份有限公司景德镇市分公司、中国人寿保险股份有限公司景德镇分公司。表彰金融支持制造业发展先进单位3家:中国银行景德镇市分行、交通银行景德镇分行、上饶银行景德镇分行。表彰普惠金融工作先进单位4家:中国邮政储蓄银行景德镇市分行、招商银行景德镇分行、赣州银行景德镇分行、景德镇市中小企业融资担保公司。表彰绿色金融工作先进单位5家:中国农业银行景德镇市分行、江西银行景德镇分行、九江银行景德镇分行、中国太平洋财产保险股份有限公司景德镇中心支公司、中国人寿财产保险股份有限公司景德镇市中心支公司②。

三、景德镇陶瓷产业高质量发展的金融支持制度

(一)浮动利率制度

银行业金融机构运用贷款利率定价自主权,以稳步推进的贷款利率市场化改

---

① 中国人民银行景德镇市中心支行课题组,黄伟,吴晓明.金融支持陶瓷文化试验区创新[J].中国金融,2021(4).
② 景德镇市人民政府关于表彰2020年度金融机构支持和服务地方经济高质量发展先进单位的决定[J].景德镇市人民政府公报,2021(8).

革为契机,在风险可控、商业可持续原则的前提下,提高资产负债管理和贷款风险定价能力。讲求信贷资金的期限、风险、成本匹配原则,在支持陶瓷产业发展上灵活运用利率浮动原则,合理确定贷款利率水平。通过不同的风险溢价形成差别化的利率结构,合理消化不同客户的资金需求成本。

(二)放宽市场准入条件

适当放宽市场准入条件,吸引一些有实力、有影响力和有竞争力的外地银行机构来景德镇设立分支机构。引入先进的信贷产品和金融服务方式,更好地增强景德镇金融资源的供给能力,为支持陶瓷产业发展构建多层次的市场服务机制。

(三)放宽陶瓷企业信贷授权授信条件

在陶瓷产业发展上,紧扣景德镇依托部省共建景德镇国家陶瓷科技城和国家创新型城市试点建设重点,对有前景、有市场、有效益的陶瓷项目和企业在信贷授权授信上予以大力支持。拓宽陶瓷小微企业贷款融资抵押担保范围,积极扶持景德镇陶瓷民营企业的发展;适当放开信用贷款、应收账款和仓单质押贷款的发放,进一步支持传统陶瓷产品的科技创新和结构升级;在信贷投放上,要重点选择一批带动能力强、发展潜力大的陶瓷企业进行倾斜,加大投放力度,着眼培育和壮大陶瓷龙头企业,逐步形成一批有影响、有优势的陶瓷企业集团,助推景德镇陶瓷总量加速提升、规模加速扩张;努力探索陶瓷商标权、专利权等权利质押贷款等方式,持续推动陶瓷文化创意产业的大力发展。

(四)鼓励民间资本

鼓励民间资本参股金融领域,在政策允许的范围内,为民间资本进入银行业创造良好环境。不断加强对民间资本进入金融领域的服务、指导和支持,支持民间资本参与村镇银行的发起设立或增资扩股,推动小额贷款公司向村镇银行转制。吸引各类民间资金参与组建直升机产业投资管理公司,加盟陶瓷、旅游产业发展专项担保基金,规范各类融资性担保公司管理制度,完善投融资担保合作平台。

(五)加快放贷审批进度

加快放贷审批进度,在风险可控的前提下,各级金融机构要下放信贷审批权限,尽量减少审批环节,缩短审批时限。有条件的,可实行"一站式"服务,在收到书面申请后启动申贷"绿色通道",加快项目审批和贷款发放进度。依法合规开展信贷业务,清理、整顿金融服务中的不合理收费现象,切实降低企业融资的实际成本。向小微企业贷款时,禁止收取承诺费、资金管理费、财务顾问费等费用,切实为企业融资实现合理"减负增效"。

(六)推进陶瓷企业征信体系建设

推进陶瓷企业征信体系建设,完善企业和个人信用信息基础数据库,为陶瓷产业的企业建立信用档案,充分发挥信息整合和共享功能,刺激信用服务市场需求,扩大征信产品使用范围,为加快发展陶瓷产业提供征信服务的基础支撑;加快银行之间市场产品的规范发展和创新,推动陶瓷产业涉外企业跨境贸易人民币结算工作,为更多企业对外贸易投资提供便利;进一步完善支付体系基础设施建设,加快国库信息化建设,充分利用财税库银横向联网系统,加快政府对陶瓷产业扶持资金的拨付;扩大银行电子化服务领域,重视银行卡、电子汇兑的网络建设,督促银行加强流动性和支付风险管理,全面加快金融业基础设施建设,积极打造提供金融服务的便捷、高效平台。

(七)引导陶瓷企业融资

加大债务融资工具的融资力度,中国人民银行、景德镇各银行业金融机构要加强与经济主管部门的协调沟通和配合,开展陶瓷产业中小企业利用金融工具筹资、融资的宣传和培训工作,协调建立债务融资担保机制,积极支持和引导相关企业发行短期融资券、中期票据、中小企业集合票据、区域集优票据等融资产品,多渠道筹措发展资金。重视证券主板市场的筹资能力,鼓励社会资本支持陶瓷产业的发展,支持符合国家发展战略和发行上市条件的陶瓷企业上市融资,加强证券交易所、保荐机构等相关机构对陶瓷产业的企业进行发行上市的培育辅导工作。

(八)金融机构流动考核制度

陶瓷产业管理部门要建立健全部门沟通协调机制,加强相关产业政策与信贷政策的协调配合,认真做好相关产业投资项目指导目录的编制工作,积极与金融部门合作联系,促进有效合作。中国人民银行景德镇市中心支行要协同景德镇市政府金融工作办公室、中国银保监会景德镇监管分局、景德镇市发展和改革委员会、景德镇市工业和信息化委员会、景德镇市陶瓷产业发展局、景德镇市文化广电新闻出版旅游局等有关部门共同建立金融支持"三张主牌"战略发展考核指标体系和联合考核机制,对景德镇各银行业金融机构支持情况进行动态考核。景德镇市政府对陶瓷产业发展有贡献的金融部门和个人进行表彰,并给予适当物质奖励。

(九)金融支持陶瓷中小企业转型升级和健康发展

优化陶瓷企业信贷结构。金融机构要跟进陶瓷创意文化产业、陶瓷旅游产业等景德镇陶瓷重点工程、重点项目,及时提供优质金融服务。重点加大对科技含量高、产品有市场、发展有前景、诚信经营的陶瓷中小企业的信贷支持力度。积极支持绿色环保、节能减排的陶瓷企业的发展,坚决退出"两高一资"企业贷款。对经营稳健、效益较好、迫切需要做大、做强的陶瓷企业,金融机构要建立陶瓷中小企业中长期发展扶持规划,建立金融顾问制度,在融资、兼并收购等方面提供金融服务,加大固定资产和技术改造贷款支持力度,引导有发展潜力的陶瓷企业发展成为陶瓷行业领军企业。

为陶瓷中小企业开办"一站式"金融服务,开设网络信贷窗口,推动中小企业贷款网络在线审批建设。适度提高基层金融网点贷款审批权限,简化办事流程,提高贷款审批效率。针对陶瓷企业个性金融需求,在控制风险的前提下创新信贷产品,改进信贷审批流程。依靠陶瓷专业评估机构,建立和推广"评估+担保+金融"三位一体知识产权质押模式,拓宽陶瓷企业抵押品的范围,促进陶瓷产品流转。加强并扩大与担保中心和陶瓷担保基金的合作,积极拓展与资信实力较强的民营担保机构的合作方式。加强与陶瓷商会的合作,创新陶瓷产业链融资、陶瓷企业联保等贷款模式。加强与仓储公司、物流公司的合作,积极开展仓单质押、动产质押贷款等业务,盘活库存,缓解陶瓷中小企业流动资金困难。鼓励金融机构建立科学合理的陶瓷中小企业贷款定价机制,在合法、合规和风险可控的前提下,兼顾扶持陶瓷企业发展的社会责任,合理确定贷款利率。除银团贷款外,向陶瓷中小企业贷款时禁止收取承诺费、资金管理费,严格限制商业银行向小微企业收取财务顾问费、咨询费等费用。

鼓励陶瓷中小企业直接融资。支持符合条件的陶瓷中小企业上市融资、发行债券,支持符合条件的陶瓷中小企业在银行间债券市场发行企业集合票据、区域集优债券、短期融资券,进一步拓宽融资渠道。鼓励陶瓷中小企业拓宽国际市场,支持陶瓷中小企业开展跨境贸易人民币结算业务,减轻企业负担,降低汇率风险。深度参与中国景德镇国际陶瓷博览会,发展陶瓷会展经济和会展金融。

(十)江西省金融机构支持景德镇国家陶瓷文化传承创新试验区建设

2021年7月30日,江西省金融机构支持景德镇国家陶瓷文化传承创新试验区建设产融对接大会在景德镇召开,此次产融对接活动共落实合作项目151个,金额达535.36亿元。在对接大会上,景德镇市政府代表与10家省级金融机构以及京东集团签订了战略合作协议。各金融机构与景德镇的相关企业现场签约项目39个,金额达219.78亿元。其中,银企融资项目34个,金额208.76亿元;债券发行、企业上市、保险、融资担保等项目5个,金额11.02亿元[①]。

---

① 江西省金融机构支持景德镇国家陶瓷文化传承创新试验区建设产融对接大会召开[J].景德镇陶瓷,2021(4).

第二节　金融支持江西景德镇陶瓷产业高质量发展的有效性评价

一、金融支持效率的评价方法选择

为了探究金融支持效率,国内外学者实证分析选择的评价方法集中表现为以下几种。

(一)模糊综合评价法

模糊综合评价法是基于模糊数学的综合评价方法,把定性评价转化为定量评价,即用模糊数学对受到多种因素制约的事物或对象做出一个总体的评价。它具有结果清晰、系统性强的特点,能较好地解决模糊的、难以量化的问题,适合解决各种非确定性问题。可以用这种方法对某事进行综合判断,利用数学统计模型对抽象概念进行分析。在研究对象状态不能确定时,能够将所得到的结果进行系统的整理,并且结果是比较清晰明了的,可以很好地解释一些不能进行实际操作、抽象化概念的问题。

(二)层次分析法

层次分析法指在弄清楚问题的内部联系后,把所要研究的问题层层分解,设定基本层,对处于同一层次的可以依据最大权重来处理问题,找出解决问题的最好方法。层次分析法里的成对比较矩阵,需要将一些专家主观上的想法转化为数字去处理,这样专家的作用就很重要了。因此,对待这种主观类的评价方法,主观想法转化为客观数字时一定要慎重,从而使结果更为可信。

(三)数据包络分析法(DEA)

数据包络分析法可以处理多投入与多产出的效率评估,并且不需构建数学函数。数据包络分析法模型主要目的是进行决策单元的最优化,它可以对每一个相关决策单元进行指标数量调整,并依据所选的成本建立线性模型,对企业的融资效率情况进行科学评价。最大的优势就是可以进行多因素评价,找到提升效率的真实因素,这一方法也被广泛用于经济学效率的评价中。

即使现在的数学理论模型都已经进入非常成熟的阶段,但是在运用这些方法研究问题时还是需要比较严密的证明过程。例如,在进行权重确定时,模糊综合评价法涉及多种权重问题,一般的处理方法都是先找该领域的权威专家,之后再确定每个因素的影响程度,这种方法的权重设定会受到人为因素的影响,无法客观地评估效率。再如,层次分析法需要选取数量较多的指标,需要构造规模较大、数量较多的判断矩阵,因素的权重也难以确定,多为专家根据自己的经验进行权重评估,客观性难以得到保证。而数据包络分析法(DEA)用综合指标评价效率,权重由数学模型产生,不受人为因素影响,评估结果相对公平和客观,即使计量单位不同也不会影响最终的效率评估结果。综上,本研究选取数据包络分析法(DEA)对景德镇陶瓷产业高质量发展的金融支持效率进行评价。

二、评价模型的原理

数据包络分析法(Data Envelopment Analysis,DEA)是运筹学、管理科学与数理经济学交叉研究的一个新领域。它是根据多项投入指标和多项产出指标,利用线性规划的方法,对具有可比性的同类型单位进行相对有效性评价的一种数量分析方法。DEA 模型分为固定规模报酬模型和可变规模报酬模型。可以在一定的程度上对企业技术水平、经营管理、生产规模等进行效率分析,对效率进行全面客观的评价。数据包络分析法及 DEA 模型自 1978 年由美国著名运筹学家 A. Charnes 和 W. W. Cooper 提出以来,已广泛应用于不同行业及部门,并且在处理多指标投入和多指标产出方面体现出其得天独厚的优势。

设有 n 个决策单元;λ_i 为第 i 个决策单元的权重;X_i 和 Y_i 分别为第 i 个决策单元投入和产出要素向量,$\sum_{i=1}^{n} X_i = X_0$,$\sum_{i=1}^{n} Y_i = Y_0$;m 和 s 分别为投入和产出指标的数量;$\hat{e}$ 和 e 分别为元素为 1 的 m 维向量和 s 维向量;ε 为非阿基米德无穷小;s^+ 和 s^- 分别为投入和产出指标的松弛变量。

假设规模报酬不变(CRS),则有 CCR 模型:

$$\min[\theta - \varepsilon(\hat{e}^T s^- + e^T s^+)]$$

$$\text{s.t.} \sum_{i=1}^{n} X_i \lambda_i + s^- = \theta X_0$$

$$\sum_{i=1}^{n} Y_i \lambda_i - s^+ = Y_0$$

$$\lambda_i \geq 0, \quad s^- \geq 0, \quad s^+ \geq 0$$

其中,$\theta(0<\theta\leq1)$ 为决策单元的综合技术效率(TE)。当 $s^+=s^-=0$,且 $\theta=1$ 时,表明决策单元 DEA 有效;当 s^+、s^- 不全为 0,且 $\theta=1$ 时,表明决策单元 DEA 弱有效;当 $\theta<1$ 时,表明决策单元 DEA 无效。

假设规模报酬可变(VRS)，在 CCR 模型的约束条件中加入凸性假设 $\sum_{i=1}^{n}\lambda_i = 1$，则 CCR 模型转化为 BCC 模型：

$$\min[\theta_b - \varepsilon(\widehat{e^T s^-} + e^T s^+)]$$

$$\text{s.t.} \sum_{i=1}^{n} X_i \lambda_i + s^- = \theta_b X_0$$

$$\sum_{i=1}^{n} Y_i \lambda_i - s^+ = Y_0$$

$$\sum_{i=1}^{n} \lambda_i = 1$$

$$\lambda_i \geq 0, \quad s^- \geq 0, \quad s^+ \geq 0$$

其中，$\theta_b(0<\theta_b\leq 1)$ 为决策单元的纯技术效率(PTE)，有 $\theta_b \geq \theta$。根据 SE=TE/PTE 可以求出规模效率(SE)，有 $0<\text{SE}\leq 1$。

三、指标体系的构建

景德镇陶瓷产业高质量发展的金融支持效率的相关指标构建如表 9-1 所示。投入指标为景德镇金融深化程度、景德镇金融运行效率、景德镇银行资金转化率、景德镇规模以上陶瓷制品业长期负债合计。产出指标为景德镇规模以上陶瓷工业产成品。

表 9-1 景德镇陶瓷产业高质量发展的金融支持效率的相关指标

指标类型	细分指标	指标含义	指标计算
投入指标	景德镇金融深化程度	采用金融相关比率(FIR)反映金融深化程度	金融相关比率(FIR)=年末存贷款总额/GDP
	景德镇金融运行效率	采用储蓄投资转化率(SLR)作为衡量金融发展对社会经济贡献程度的指标	储蓄投资转化率(SLR)=存款余额(DEPOSIT)/贷款余额(LOAN)
	景德镇银行资金转化率	反映了景德镇银行业将储蓄存款转化为实体经济资本的效率	银行资金转化率=景德镇固定资产投资完成额/银行业存款总额
	景德镇规模以上陶瓷制品业长期负债合计	景德镇规模以上陶瓷制品业在一年以上或者超过一年的一个营业周期需要偿还的债务合计	包括长期借款、应付债务、长期应付款项等

续表

指标类型	细分指标	指标含义	指标计算
产出指标	景德镇规模以上陶瓷工业产成品	用规模以上陶瓷工业产成品代表景德镇陶瓷产业的产量	数据从历年出版的《景德镇统计年鉴》中获得

四、实证分析

(一)数据来源

本研究的指标数据来自 2016—2020 年出版的《景德镇统计年鉴》,选取景德镇 2015—2019 年的相关统计数据。具体数据如表 9-2 所示。

表 9-2 景德镇陶瓷产业高质量发展的金融支持效率的测算指标

年份	景德镇金融相关比率(X_1)/(%)	景德镇金融运行效率(X_2)/(%)	景德镇银行资金转化率(X_3)/(%)	景德镇规模以上陶瓷制品业长期负债合计(X_4)/万元	景德镇规模以上陶瓷工业产成品(Y)/万元
2015	167.854	61.545	85.196	35506	34594
2016	178.301	61.068	83.325	59297	33362
2017	224.144	63.935	82.659	55488	29090
2018	228.601	71.696	86.699	81181	71620
2019	241.248	74.254	85.152	107289	44404

(二)描述性统计

景德镇金融相关比率。金融深化亦称"金融自由化",一般采用金融相关比率(FIR)这一指标反映金融深化程度,即金融相关比率(FIR)=年末存贷款总额/GDP。如图 9-2 所示,2014—2020 年景德镇银行业存贷款总额逐年增长,存款余额由 2014 年的 749.5226 亿元发展至 2020 年的 1473.67 亿元,而贷款余额由 2014 年的 423.7558 亿元发展至 2020 年的 1123.81 亿元。从增长率来看,存款余额、贷款余额增速稳步上涨。如图 9-3 所示,自 2014 年至 2020 年,景德镇 FIR 值保持递增,说明金融深化程度不断加深。

景德镇金融运行效率。金融运行效率选择储蓄投资转化率作为衡量金融发展对社会经济贡献程度的指标。储蓄投资转化率(SLR)=存款余额(DEPOSIT)/

图 9-2 2014—2020 年景德镇银行业存款余额、贷款余额、存贷款总额

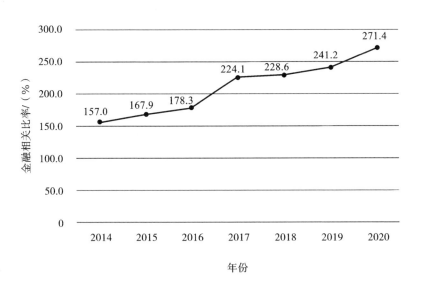

图 9-3 2014—2020 年景德镇金融相关比率（FIR）

贷款余额(LOAN)。从图9-4中可以看出,2014—2019年景德镇储蓄投资转化率(SLR)均低于75%,说明金融发展对社会经济的贡献程度不够,即金融运行效率较低;2020年储蓄投资转化率(SLR)突破75%,说明景德镇金融运行效率正在逐步提高。对于景德镇经济而言,储蓄投资转化率(SLR)的提高扩大了信贷投放空间,释放了流动性;对于景德镇银行业而言,储蓄投资转化率(SLR)的提高会使银行的信贷投放规模扩大。调整资产配置结构,用高息的信贷资产替代低息的信贷资产,使净息差回升,提高银行的盈利能力。对于景德镇陶瓷产业而言,储蓄投资转化率(SLR)的提高使产业的贷款能力得到提升,对陶瓷产业中小微企业的贷款是相对有利的。

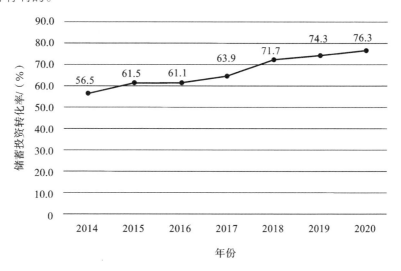

图 9-4　2014—2020年景德镇储蓄投资转化率(SLR)

景德镇银行资金转化率。景德镇银行资金转化率反映了景德镇银行业将储蓄存款转化为实体经济资本的效率。景德镇银行资金转化率＝景德镇固定资产投资完成额/银行业存款总额。如图9-5所示,景德镇银行资金转化率从2014年至2020年均高于80%,说明银行资金转化效率是较高的。

景德镇规模以上陶瓷制品业长期负债合计。长期负债是指企业在一年以上或者超过一年的一个营业周期需要偿还的债务合计,其中包括长期借款、应付债务、长期应付款项等。景德镇规模以上陶瓷制品业长期负债合计一定程度上反映了景德镇陶瓷产业的负债情况,是金融支持陶瓷产业发展的直接体现。如图9-6所示,从2015年至2019年(除2017年),景德镇规模以上陶瓷制品业长期负债合计稳步增长。2019年景德镇国家陶瓷文化传承创新试验区成立以后,规模以上陶瓷制品业长期负债合计达到10.7289亿,说明景德镇国家陶瓷文化传承创新试验区的建设极大地激励了各种金融资本支持陶瓷企业发展。

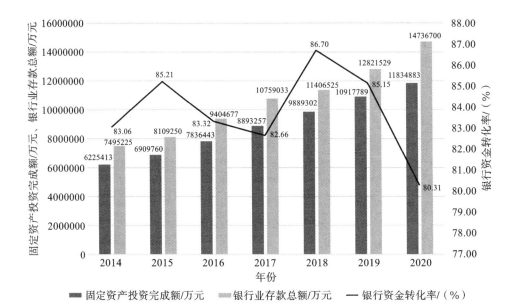

图 9-5 2014—2020 年景德镇银行资金转化率

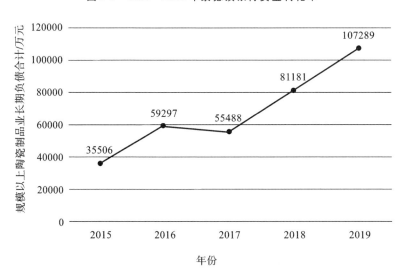

图 9-6 2015—2019 年景德镇规模以上陶瓷制品业长期负债合计

景德镇规模以上陶瓷工业产成品。景德镇规模以上陶瓷工业产成品直接反映了陶瓷产业的产量。从图 9-7 不难看出,景德镇规模以上陶瓷产业产出波动极大,2015 年至 2017 年逐年递减,2018 年激增至 7.162 亿元,到了 2019 年迅速回落至 4.4404 亿元。

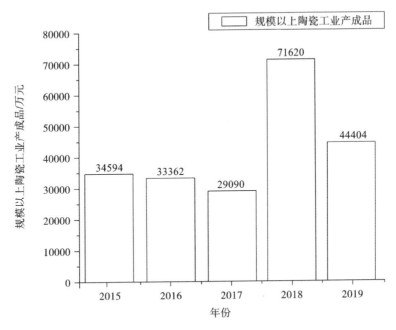

图 9-7 2015—2019 年景德镇规模以上陶瓷工业产成品

(三)实证分析结果与讨论

基于上述数据,利用 DEAP2.1 软件,测算 2015—2019 年景德镇陶瓷产业高质量发展的金融支持效率,整理后如表 9-3 所示。

表 9-3 2015—2019 年景德镇陶瓷产业高质量发展的金融支持效率

年份	综合技术效率(TE)	纯技术效率(PTE)	规模效率(SE)	规模报酬增减情况
2015	1.000	1.000	1.000	不变
2016	0.631	1.000	0.631	递增
2017	0.575	1.000	0.575	递增
2018	1.000	1.000	1.000	不变
2019	0.631	0.802	0.787	递增
均值	0.767	0.960	0.799	—

从表 9-3 可以看出,2015 年和 2018 年的纯技术效率和规模效率均为 1.000,表明景德镇金融充分发挥了支持陶瓷产业高质量发展的作用。2016 年、2017 年以及 2019 年规模效率分别为 0.631、0.575、0.787,小于平均值,处于规模报酬递

增阶段。2015—2019 年,景德镇陶瓷产业高质量发展的金融支持综合技术效率、纯技术效率、规模效率的均值分别为 0.767、0.960、0.799,说明在景德镇金融支持陶瓷产业高质量发展的过程中,金融支持效率未达到最优,存在提升空间。在景德镇陶瓷产业发展过程中,只要金融支持规模效率小于 1,都可以通过扩大金融业规模,增加金融深化程度、金融运行效率、银行资金转化率、规模以上陶瓷制品业长期负债合计来推动景德镇陶瓷产业高质量发展。

第三节 金融支持江西景德镇陶瓷产业高质量发展面临的问题

一、金融监管政策刚性约束制约了金融支持江西景德镇陶瓷产业高质量发展

景德镇国家陶瓷文化传承创新试验区自成立以来,争取了近 200 亿元的地方政府专项债限额和近 20 亿元的中央预算内资金。2020 年,启动项目 50 个,2021 年持续实施项目 60 个。截至 2022 年 5 月,实施项目 68 个,总投资额达到 1095 亿元。通过众多"走出去""请进来"的招商活动,累计签约项目近 70 个,签约资金约 1100 亿元。从项目融资规模及渠道来看,目前景德镇国家陶瓷文化传承创新试验区重点项目融资的主要来源有银行贷款、债券融资、省级财政专项债券资金以及国家相关部委项目配套资金等渠道。一方面,随着景德镇国家陶瓷文化传承创新试验区重点项目的陆续落地,地方融资平台公司对项目融资需求也将愈加迫切;另一方面,近年来由于辖区内商业银行中长期项目贷款规模受其总行控制,而且银行的基层机构贷款审批权限普遍上收,加上金融监管部门密集出台一系列监管政策,进一步加大对地方融资平台监管力度,从而导致商业银行被动抬高信贷准入门槛,客观上增加了重点项目融资难度。

二、银行信贷供给不均衡

银行信贷供给不均衡削弱了金融支持重点项目建设成效。目前,景德镇国家陶瓷文化传承创新试验区重点项目的信贷支持主体为中国农业发展银行、中国工商银行、中国农业银行、中国银行、中国建设银行、交通银行、农村商业银行 7 家金融机构,其中以中国农业发展银行为信贷投放主力。自 2020 年以来,在信贷规模

总体收缩的背景下,中国农业发展银行景德镇市分行(以下简称:农发行)中长期贷款大幅增长,如 6 月底辖内农发行中长期重点项目贷款比 2020 年初增长 11.93%,比辖内其他 6 家商业银行同期中长期重点项目贷款平均增幅高 1.61 个百分点。可见,在金融支持景德镇国家陶瓷文化传承创新试验区重点项目过程中,呈现出"冷热不均"现象。

三、地方融资平台偿债方式单一

现阶段地方融资平台公司市场化转型缓慢,存在的隐性债务负担依然沉重。一方面,从融资方式上看,目前融资平台公司主要依靠银行贷款和债券融资来维持项目资金的正常运作,而融资平台公司往往诉诸债务摊销的模式,借新贷还旧贷,短期内难以摆脱现有的隐性债务压力。另一方面,由于地方融资平台公司的偿债资金主要依靠地方财政拨款,项目尚未形成稳定的商业收益,不仅不能有效解决隐性债务负担,还会影响金融机构对新建或续建项目的融资支持。为解决现有的隐性债务负担,融资平台公司采用"贷新还旧"的展期方式,维持景德镇国家陶瓷文化传承创新试验区重点项目的资本运作。

四、公益性基础设施项目居多,导致银行信贷投放积极性不高

景德镇国家陶瓷文化传承创新试验区重点项目中,公益性或准公益性项目占比较大。如果支持的非营利项目的基础设施建设与其他具有商业价值的项目不能合理兼容,其就不能作为经营性资产带来收益稳定的回报,难以满足信用风险控制标准。此外,由于地方融资平台以银行信贷和债券融资方式投资建设项目,中央政府和地方政府尚未建立有效的风险补偿机制,金融机构缺乏风险保障。

第十章　金融支持江西景德镇陶瓷产业高质量发展的政策建议

景德镇市政府应该依托景德镇国家陶瓷文化传承创新试验区建设,应该认真落实相关政策,抓住机遇,充分利用国家政策红利,引领景德镇陶瓷产业进一步发展。以下从宏观层面、中观层面、微观层面为景德镇陶瓷产业高质量发展提出建议。

第一节　宏观层面

一、优化金融资源配置,加大信贷支持力度

从实证结果来看,景德镇金融支持陶瓷产业发展还有提升空间,具体为:政府可以通过调整信贷结构促进经济结构优化,提高陶瓷行业不良贷款比率;通过出台政策,引导金融机构对陶瓷行业形成政策倾斜,进而促进陶瓷产业结构转型升级,为陶瓷行业的发展提供一个良好的金融环境。

一方面,政府应该合理配置金融资源,深化金融服务创新。以调整优化信贷结构促进陶瓷产业结构的转型升级。优化金融配置,推动产业整合,建立并扶持民营企业联合、陶瓷企业集团等联合体,从而形成陶瓷产业集聚效应。另一方面,政府应深化利率市场化改革,有效降低企业融资成本。金融监管部门要督促商业银行主要参照报价利率对新增贷款利率进行定价,切实降低企业贷款综合成本;指导银行业金融机构内部绩效评价与支持民营中小企业发展挂钩,进一步落实中小企业和小额信贷业务尽职免责要求,激发商业银行信贷面向陶瓷小微企业开展业务的内生动力。

二、建立健全金融机制,提升金融投资信心

地方政府应建立健全陶瓷产业财税资金扶持政策和金融风险补偿机制。一

方面降低企业的负担,另一方面提升金融机构的信心。规范各类融资担保公司,完善融资担保平台。

地方政府完善信用管理体系,担保融资服务体系和陶瓷企业信用体系,增强企业诚信经营的意识。建立陶瓷企业信用信息库,申请融资担保的陶瓷企业应进入信用信息库。金融机构要联合经济主管部门,共同做好企业的信用评级工作,法院、公安局、工商局、劳动局、税务局等部门和单位都要积极参与。对信用好的企业和个人要进行宣传表彰,对信用差的应该要求他们限期整改,对造成恶劣影响的要通过新闻媒体予以曝光,提高企业失信成本,形成对企业信用强有力的约束机制。建立以政府出资为引导、多元化投资、市场化运作的担保机构,支持、引导社会法人资本、民间个人资本和其他社会资本作为资本金注入担保公司,建立陶瓷企业信用担保基金和信用再担保公司。积极引进大中型担保机构,积极构建企业联保、互保等信用担保形式,并建立健全担保业自律性组织和信用担保体系。

三、优化市场监管流程,不断增强服务意识

对于政府部门而言,应该从优化信用环境、加大财税政策优惠和提升服务水平等方面入手,着力加大扶持、引导力度。对于符合条件的项目优化审批流程,提高办事效率。帮助、扶持一批能干实事、有担当的企业。在工作中贯彻服务意识,服务中小微企业转型升级和健康发展,提高市场竞争力,激发市场活力,促进陶瓷产业良性循环发展。

四、引导民间资本入场,充分激活投资热情

政府应鼓励民间资本参股金融领域,在政策允许范围内,为民间资本进入银行业创造良好环境;不断加强对民间资本进入金融领域的指导、支持和服务,支持民间资本参与村镇银行的发起设立或增资扩股,推动小额贷款公司向村镇银行转制;吸引各类民间资金参与组建产业投资管理公司和加盟陶瓷、旅游产业发展专项担保基金,规范各类融资性担保公司的管理制度,完善投融资担保合作平台。

第二节 中观层面

一、牢牢抓住政策机遇，推动产业转型升级

陶瓷产业是一个高能耗、高污染的产业。为了实现产业振兴,淘汰或转型一批污染严重、附加值低的企业,加大对附加值高、处于产业价值链上游的陶瓷文化产业、特种陶瓷产业的信贷政策倾斜。在细分市场领域,打造景德镇特色陶瓷产业布局。持续实施陶瓷工业"退城进郊""退城进园"的战略结构调整,把工业园区建设作为对外开放和主攻工业的重大举措,加快陶瓷工业园区的建设步伐,以特色优势吸引大批知名陶瓷企业集聚。这种举措有利于招商引资,促进陶瓷产业可持续性发展。进一步提升集聚效应,让陶瓷工业园区崭露头角。

二、聚焦文旅融合发展，运用创意赋能产业

将旅游产业与陶瓷文化创意产业相融合,打造一批高附加值、环保的文旅融合项目。一方面,融资平台应采取有力措施,对现有各类子公司进行资源整合,使其资源变资产、资产变资本、资本变资金,进一步做实、做大资产,不断提高实物资产的市场价值,从而形成集团化、集约化的商业收益,不断拓宽项目融资渠道;另一方面,融资平台应因地制宜,结合景德镇国家陶瓷文化传承创新试验区建设实际,统筹规划好项目布局,杜绝现有项目碎片化、雷同化倾向,通过精心谋篇布局,做优、做强文化旅游项目,着力打造一批功能齐全、各具特色的文化旅游产业链,带动景德镇文化旅游业持续、快速、健康发展。

三、加快融资平台转型升级，防范平台债务风险

对于即将到期的股份债务,融资平台必须在与金融机构协商的基础上,采取适当的延期方式以维持资金的正常周转。同时,对存量债务进行债务重组,降低整体债务成本。整合多个平台公司,进行集团化运营。此外,融资平台要内外兼修,不断加快转型升级步伐,实现从单一融资平台向市场化经营主体转变。综合运用货币政策工具,拓宽陶瓷企业融资渠道。中国人民银行要充分发挥货币政策工具的杠杆作用,用好小额再贷款、再贴现、补充抵押贷款(PSL)、降准等普惠金融

政策,引导金融机构增加对陶瓷行业的信贷投放,不断扩大金融机构对陶瓷企业的信贷规模。同时,为推进企业信用体系建设,建议将景德镇国家陶瓷文化传承创新试验区的陶瓷小微企业纳入中国人民银行企业信用数据库,对中国陶瓷企业进行信用评级。进一步提高公司的诚信经营意识,让更多的财务资源流动起来。

第三节 微 观 层 面

一、加强企业自身建设,提高经营管理水平和融资能力

陶瓷企业应加强自身建设,提高陶瓷企业经营管理水平和融资能力。对于陶瓷行业本身来说,积极提升经营管理水平和融资能力是重中之重。陶瓷行业要强化企业信用意识,切实提升陶瓷行业的企业形象,尽快摆脱20世纪90年代不良行业的影响,为银行与企业对接提供良好条件。

陶瓷企业经营管理水平亟待提高,应加大会计信息披露力度,提高透明度和可信度,减少信息不对称的情况,从而降低公司的融资成本。陶瓷企业要立足现有基础,积极发挥景德镇陶瓷的优势,着力发挥国内外陶瓷院校、陶瓷企业、陶艺师的重要作用,吸引专业人才,加强内部市场监管,提高陶瓷企业的盈利能力、还贷能力。"增收节支"的同时,积极推动陶瓷文化创意产业和陶瓷高新技术产业集群的形成,保持企业活力和陶瓷市场竞争力,从而提高融资水平。

二、支持企业技术进步,促进产业整体升级

地方政府应支持陶瓷企业实现技术进步,促进产业结构整体升级,为商业银行营销贷款搭建平台,鼓励、支持景德镇陶瓷企业加快技术创新,积极研发具有自主知识产权的新工艺、新材料和新产品。加大资金投入和政策扶持力度,抓好企业的科技创新工作,实现景德镇陶瓷产业的科技进步和产业升级。一是鼓励企业投资先进的新兴陶瓷产业项目,建立投资项目库,实行项目前期费用补助制度。凡是符合景德镇陶瓷产业发展政策、投资额达到一定规模以上的项目,落户开工后区财政局给予一定的补贴。二是建立科技基金,鼓励企业进行技术创新,对企业研发的实用性强、推广价值高、经济效益好的科技项目,经评审达标后从科技基金中给予相应的资金扶持。

三、推进银企战略合作，探索多种金融服务

推进银企战略合作，充分发挥金融在促进陶瓷产业转型发展中的作用。地方政府要与各类金融机构(特别是大型银行)建立战略合作机制，适时利用各类银行的信贷政策。借助景德镇国家陶瓷文化传承创新试验区建设的机遇，把景德镇陶瓷产业作为信贷重点，吸引银行扩大支持陶瓷产业转型发展的信贷规模，有效解决配置不平衡的问题。

各金融机构要加强信贷服务创新，积极探索适应陶瓷行业特点的应收账款质押、存单质押和股东贷款等方式，着力支持陶瓷产业链建设。吸引外资投资景德镇当地陶瓷企业，通过合资、合作、参股、并购等方式直接投资建设当地陶瓷企业，促进产业的现代化发展。积极吸引各类股份制银行参与陶瓷企业建设，促进金融体系多元化发展。

金融机构首先要合理扩大抵押物范围，扩大艺术品、陶瓷存货检测认定范围，积极探索企业和艺术家信用贷款方式；其次，切实提高信贷和担保贷款的比重；最后，与时俱进地推出与陶瓷挂钩的创新信用产品，助推融资方式多元化，从而降低陶瓷行业融资难度。积极推动社会信用体系建设，促进陶瓷产业结构的调整，改善融资环境。

参 考 文 献

[1] 刘方方.景德镇陶瓷文化创意产业融资问题研究[D].景德镇:景德镇陶瓷学院,2015.

[2] 魏群.陶瓷产业升级与金融的关系研究[D].景德镇:景德镇陶瓷学院,2012.

[3] 蔡清龙.陶瓷产业与区域经济发展实证研究[D].景德镇:景德镇陶瓷学院,2007.

[4] 章雄超.景德镇陶瓷工业遗产开发再利用研究[D].南昌:江西师范大学,2020.

[5] 邵勃.文旅融合背景下景德镇文旅创意产业融资问题研究[D].景德镇:景德镇陶瓷大学,2021.

[6] 闫颖.景德镇陶瓷文化创意产业金融支持对策研究[D].景德镇:景德镇陶瓷学院,2015.

[7] 景德镇市人民政府关于表彰2020年度金融机构支持和服务地方经济高质量发展先进单位的决定[J].景德镇市人民政府公报,2021(8).

[8] 江西省金融机构支持景德镇国家陶瓷文化传承创新试验区建设产融对接大会召开[J].景德镇陶瓷,2021(4).

[9] 中国人民银行德化县支行课题组.金融支持陶瓷电子商务发展探析——以福建省德化县为例[J].福建金融,2014(4).

[10] 吴琦.对金融支持助推陶瓷产业发展问题浅谈——以景德镇陶瓷产业发展为例[J].时代金融,2013(29).

[11] 查建煌,李波声,姚晓鸣,等.德化县陶瓷产业升级的制约因素及对策建议[J].福建金融,2007(8).

[12] 魏际刚.大变局下中国产业高质量发展的战略与路径[J].企业观察家,2020(10).

[13] 柳天恩,武义青.雄安新区产业高质量发展的内涵要求、重点难点与战略举措[J].西部论坛,2019(4).

[14] 何继业.我国战略性新兴产业金融支持体系构建论略[J].山东社会科学,2016(11).

[15] 王竞,胡立君.金融支持对战略性新兴产业发展的影响研究——来自湖北省上市公司的证据[J].湖北社会科学,2019(1).

[16] 汪洁."一带一路"背景下景德镇陶瓷出口贸易研究[J].商场现代化,2021(20).

[17] 刘爽,贾佳.景德镇陶瓷文化创意产业转型升级的优势及问题——基于创意城市更新的视角[J].中国陶瓷工业,2022(1).

[18] 罗焱.景德镇陶瓷文创产业创新与金融支持研究分析[J].全国流通经济,2021(13).

[19] 中国人民银行景德镇市中心支行课题组,黄伟,吴晓明.金融支持陶瓷文化试验区创新[J].中国金融,2021(4).

[20] 胡颖,葛振兴.制约景德镇陶瓷文化创意产业发展的瓶颈研究[J].对外经贸,2019(8).

[21] 周游.互联网金融背景下潮州陶瓷业转型升级研究[J].武汉商学院学报,2018(1).

[22] 谷成素,张素杰.金融支持农村地区特色产业发展调查——以河北省高邑县陶瓷企业特色产业为例[J].河北金融,2017(6).

[23] 魏群.金融支持我国陶瓷产业升级的必要性分析[J].特区经济,2015(12).

[24] 詹峰.金融助力文化创意产业发展的调查与思考——以景德镇陶瓷文化产业为例[J].经贸实践,2015(15).

[25] 熊花,黄惠喆.景德镇陶瓷文化创意产业金融支持对策研究[J].中国陶瓷工业,2019(2).

[26] 熊伟.景德镇陶瓷行业金融风险管控[J].知识经济,2019(7).

[27] 武安华,袁涛.CAFTA进程中我国周边省区金融支撑体系的构建[J].国际经贸探索,2008(5).

[28] 杨荣海,李亚波.中国旅游产业发展的金融支持区域差异分析——基于东部、中部和西部面板数据的检验[J].经济与管理,2013(7).

[29] 刘晓华,刘维政.旅游服务贸易竞争力提升的金融支持机制分析[J].统计与决策,2015(12).

[30] 白伟东,张国柱,何慧龄.区域特色产业发展中的金融支持研究[J].甘肃金融,2014(12).

[31] 彭思敏,王伟文,张学武.金融支持景德镇陶瓷产业新一轮发展的对策研究[J].金融与经济,2005(4).

[32] 涂人猛.建设和完善湖北制造业高质量发展的政策体系[J].政策,2019(6).

[33] 黄彦平.宁夏工业高质量发展路径探析[J].现代经济信息,2019(24).

[34] 余东华.制造业高质量发展的内涵、路径与动力机制[J].产业经济评论,2020(1).

[35] 李雷,郭焱.中国光伏产业高质量发展路径思考[J].中外能源,2018(10).

[36] 李淼,梁爽.辽宁装备制造业高质量发展对策研究[J].对外经贸,2020(10).

[37] 徐强.中国战略产业国际化发展问题研究[J].国际贸易,2009(1).

[38] 吴金明,邵昶.产业链形成机制研究——"4+4+4"模型[J].中国工业经济,2006(4).

[39] 盛朝迅.推进我国产业链现代化的思路与方略[J].改革,2019(10).

[40] 林毅夫,孙希芳,姜烨.经济发展中的最优金融结构理论初探[J].经济研究,2009(8).

[41] 罗仲伟,孟艳华."十四五"时期区域产业基础高级化和产业链现代化[J].区域经济评论,2020(1).

[42] 中国社会科学院工业经济研究所课题组,张其仔.提升产业链供应链现代化水平路径研究[J].中国工业经济,2021(2).

[43] 师博,张冰瑶.新时代、新动能、新经济——当前中国经济高质量发展解析[J].上海经济研究,2018(5).

[44] 何郁冰.产学研协同创新的理论模式[J].科学学研究,2012(2).

[45] 郭克莎.中国产业结构调整升级趋势与"十四五"时期政策思路[J].中国工业经济,2019(7).

[46] 张一林,郁芸君,陈珠明.人工智能、中小企业融资与银行数字化转型[J].中国工业经济,2021(12).

[47] 余明桂,范蕊,钟慧洁.中国产业政策与企业技术创新[J].中国工业经济,2016(12).

[48] 符大海,鲁成浩.服务业开放促进贸易方式转型——企业层面的理论和中国经验[J].中国工业经济,2021(7).

[49] 陈冲,吴炜聪.消费结构升级与经济高质量发展:驱动机理与实证检验[J].上海经济研究,2019(6).

[50] 周振华.产业融合:产业发展及经济增长的新动力[J].中国工业经济,2003(4).

[51] 雷蒙德·W.戈德史密斯.金融结构与金融发展[M].周朔,等.译.上海:上海人民出版社,1996.

[52] 陆铭.大国大城[M].上海:上海人民出版社,2016.

[53] 黄永明.金融支持与中小企业发展[M].武汉:华中科技大学出版社,2006.

[54] 亚当·斯密.国富论[M].谢宗林,李华夏,译.北京:中央编译出版社,2010.

[55] 约翰·梅纳德·凯恩斯.就业、利息和货币通论[M].李欣全,译.北京:中国社会科学出版社,2009.

[56] 熊彼特.经济发展理论[M].孔伟艳,朱攀峰,娄季芳,编译.北京:北京出版社,2008.

[57] 威廉·配第.政治算术[M].马妍,译.北京:中国社会科学出版社,2010.

[58] 科林·克拉克.经济进步的条件[M].张旭昆,夏晴,等,译.北京:中国人民大学出版社,2020.

[59] Zhu J W, Wang Y Y, Wang C Y. A Comparative Study of the Effects of Different Factors on Firm Technological Innovation Performance in Different High-Tech Industries[J]. Chinese Management Studies,2019(1).

[60] Levine R. Financial Development and Economic Growth: Views and Agenda[J]. Journal of Economic Literature,1996(2).

[61] Domar Evsey D. Capital Expansion, Rate of Growth, and Employment[J]. Econometrica,1946(2).

[62] Rosenstein-Rodan P N. Problems of Industrialisation of Eastern and South-Eastern Europe[J]. Economic Journal,1943(210).

[63] Hicks J R, Leibenstein H. Economic Backwardness and Economic Growth[J]. Economic Journal,1959(274).

[64] Robert M. A Contribution to the Theory of Economic Growth[J]. The Quarterly Journal of Economics,1956(1).

[65] David T C, Helpman E. International R&D Spillovers[J]. European Economic Review,1995(5).

[66] Gort M, Klepper S. Time Paths in the Diffusion of Product Innovations[J]. Economic Journal,1982(367).

[67] Klepper S, Graddy E. The Evolution of New Industries and the Determinants of Market Structure[J]. The Bell Journal of Economics,1990(1).

[68] Oliver E. Transaction-Cost Economics: The Governance of Contractual Relations[J]. Journal of Law and Economics,1979(2).

[69] Jappelli T, Pagano M. Consumption and Capital Market Imperfections: An International Comparison[J]. American Economic Review,1989(1).

[70] Campbell J Y, Mankiw N G. The Response of Consumption to Income: A Cross-Country Investigation[J]. European Economic Review,1991(4).

[71] Dupas P, Robinson J. Why don't the Poor Save More? Evidence from Health Savings Experiments[J]. American Economic Review,2013(4).

[72] Greenstein S, Khanna T. What does Industry Convergence Mean[J]. Competing in the Age of Digital Covergence,1997(5).

[73] Levine R. Financial Development and Economic Growth: Views and Agenda[J]. Journal of Economic Literature,1996(2).

[74] Nanda R, Rhodes-Kropf M. Financing Entrepreneurial Experimentation [J]. Innovation Policy and the Economy,2015(1).

[75] Kemme D M. Financial Structure and Economic Growth: A Cross-Country Comparison of Banks, Markets and Development [J]. Comparative Economic Studies,2005(4).

[76] Cihak M, Demirguc-Kunt A. Financial Structure and Incentives [J]. National Institute Economic Review,2012(221).

[77] Davis E P. The Evolution of Financial Structure in G-7 Over 1997-2010 [J]. National Institute Economic Review,2012(1).

[78] Levine R. Bank-Based or Market-Based Financial Systems: Which Is Better? [J]. Journal of Financial Intermediation,2002(4).

[79] Hellmann T F, Murdock K C, Liberalization, Moral Hazard in Banking, and Prudential Regulation: Are Capital Requirements Enough? [J]. American Economic Review,2000(1).

[80] Greenwood J, Smith B D. Financial Markets in Development, and the Development of Financial Markets[J]. Journal of Economic Dynamics and Control,1997(1).

[81] Nelson R. A Theory of the Low-Level Equilibrium Trap in Underdeveloped Economies[J]. American Economic Review,1956(5).

[82] Ragnar Nurkse. Problems of Capital Formation in Underdeveloped Countries[M]. Oxford:Oxford University Press,1953.

[83] Hicks J R. A Theory of Economic History [M]. Oxford: Oxford University Press,1969.

[84] Kuznets S S. Economic Growth of Nations [M]. Boston: Harvard University Press,2013.

[85] Joseph A S. The Theory of Economic Development[M]. Boston: Harvard University Press,1934.

[86] Mckinnon R I. Money and Capital in Economic Development [M]. Washington,D C:Brookings Institution Press,2010.

[87] Shaw E S. Financial Deeping in Economic Development[M]. Oxford: Oxford University Press,1973.

[88] Hellmann T, Murdock K, Stiglitz J E. Financial Restraint: Towards a New Paradigm[M]. Oxford:Oxford University Press,1997.